Bildwelten des Wissens

Kunsthistorisches Jahrbuch für Bildkritik

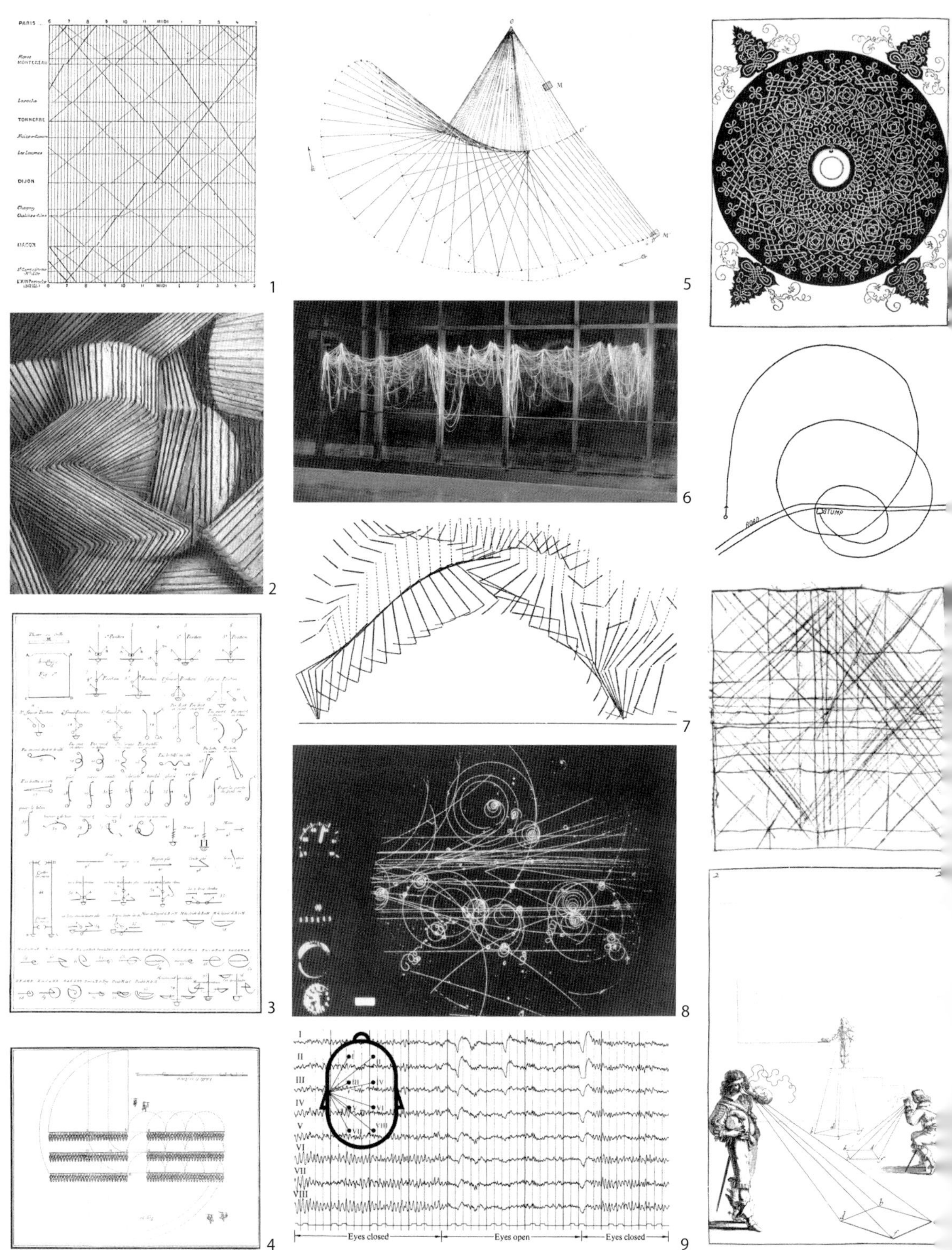

1: Etienne Jules Marey: Graphique exprimant le mouvement des trains sur une ligne de chemin de fer (Méthode de l'ingénieur), 1894. **2:** John Covert: Brass Band, 1919. **3:** Dennis Diderot: Choréographie ou Art d'Ecrire la Danse, 1762 - 1777. **4:** Dennis Diderot: Maneuver VII, 1762 - 1777. **5:** Etienne Jules Marey: Pendule articulé, 1894. **6:** Eva Hesse: Right after, 1969. **7:** Etienne Jules Marey: images partielles, lignes brillantes sur un vêtement sombre, 1894. **8:** CERN, Teilchenspuren in einer Blasenkammer, 1970. **9:** Julius T. und Nathaniel M. Lawrece: Elektronenenzephalogramme, 1975. **10:** Albrecht Dürer: Knoten mit weißer Scheibe, um 1507. **1** Schaeffer: Weg eines Mannes, der mit verbundenen Augen geht, 1920. **12:** Paul Klee: Die Tonart Fes-is-mur, 1928 - 1929. **13:** Ab Bosse: Maniére universelle, 1648.

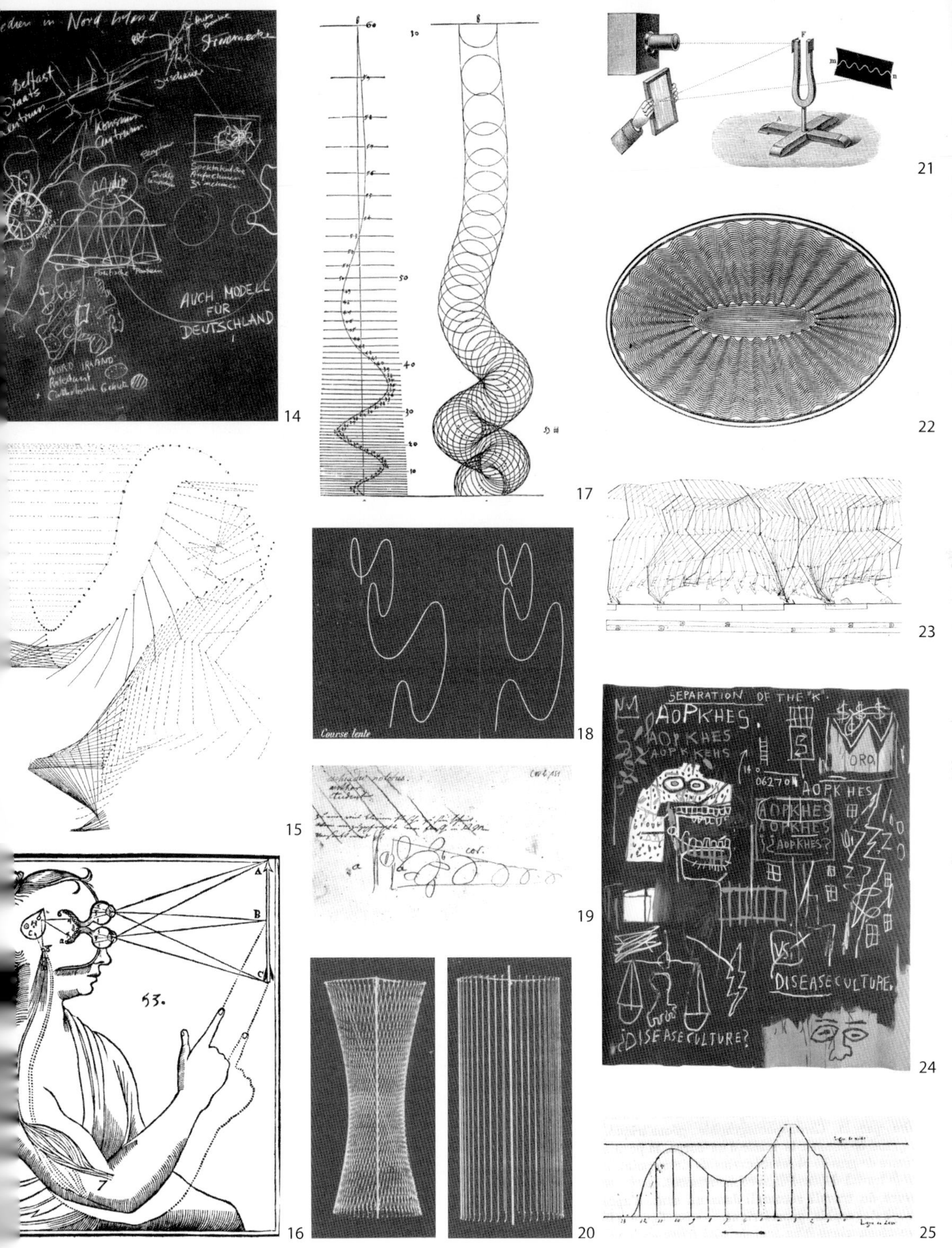

oseph Beuys und Arbeitskollektiv: Tafelzeichnungen der 6d, 23.7.1977, Medien in Nordirland. **15:** Etienne Jules Marey: Saûte la chûte, 1894. **16:** Rene Descartes: Der Sehvorgang, 1664. **17:** Albrecht Dürer: Unterweisung der Messung, 1525, 3. Buch. Blatt H3a. **18:** Etienne Jules Marey: Trajectoire stéréoscopique d'un point brillant placé au niveau des vertèbres lombaires d'un Homme qui marche en s'éloig-nant de l'appareil photographique, 1894. **19:** Johann Wolfgang von Goethe: Spiraltendenz der Vegetation, 1831. **20:** L.: Etienne Jules Marey: Hyperboloïde de révolution une seule nappe engendré par la rotation d'un fil oblique à l'axe. R.: Etienne Jules Marey: Cylindre engendré par le déplacement d'un fil blanc tournant autour d'un axe central, 1894. **21:** S. Th. Stein: Optische Darstellung der Töne, 1877. **22:** Guiloche, ein mit der Maschine produziertes Linienmuster, 1816. **23:** Etienne Jules Marey: Èpure des mouvements du cheval, 1894. **24:** Jean Michel Basquiat: K, 1982. **25:** Etienne Jules Marey: Tracé du Dynamographe exprimant les phases, 1894.

Herausgeben von
Horst Bredekamp und Gabriele Werner

Redaktion
Angela Fischel und Birgit Schneider

Bildwelten des Wissens

Kunsthistorisches Jahrbuch für Bildkritik. Band 1,1

Bilder in Prozessen

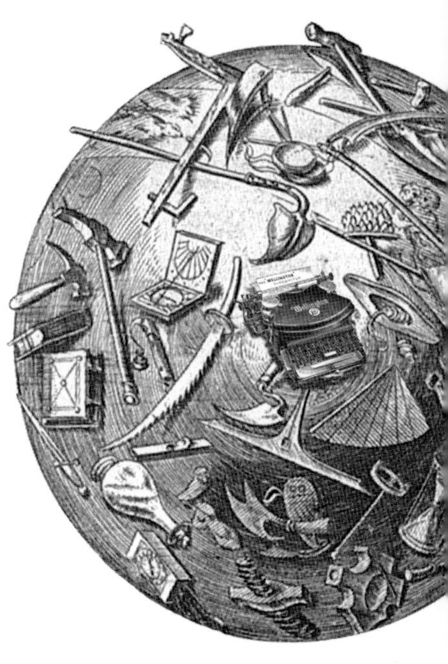

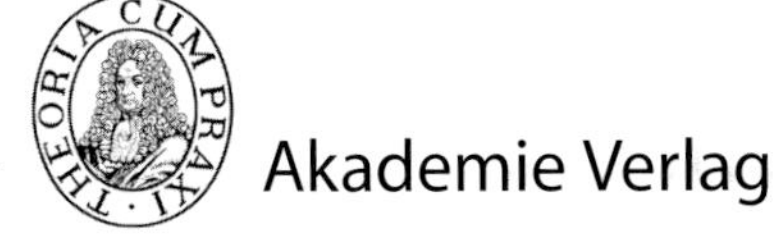

Akademie Verlag

Inhaltsverzeichnis

Editorial

Die vielbeschworene „Bilderflut" wird von einer derart massiven „Theorieflut"
begleitet, dass gefragt werden kann, warum es noch eines Jahrbuches „Bildwelten des Wissens" bedarf. Uns schien es jedoch gerade angesichts einer
Legion von Erörterungen zum Bild, zur Visualität, zum Erscheinenden, zu
„picture" und „image" als auch zum Pikturalen und zum Ikonischen geboten, ein
Publikationsorgan zu schaffen, dem die Grenzen aller Theorien angesichts
dessen bewusst bleibt, dass Bilder die Schwelle der bewussten Wahrnehmung zu
unterschreiten und alle logischen Konstruktionen zu überbieten vermögen.
Das Jahrbuch möchte den Eigenwert der Bilder stärken, um ihnen analytisch
angemessen begegnen zu können. Da im Gegenzug das Gefühl der Ohnmacht,
das mit dem Begriff der „Bilderflut" verbunden ist, geschwächt werden soll,
trägt es den programmatischen Untertitel „Kunsthistorisches Jahrbuch für Bildkritik".
Die „Bildwelten des Wissens" zum Gegenstand zu machen, ist ein ungeheuer
komplexer und nicht eben geheuerer Anspruch. Er betrifft die Bildwelten der
Geisteswissenschaften ebenso wie die der Massenmedien und der Popu-
lärkultur, der Naturwissenschaften und der Technikgeschichte. Wir erlauben
uns jedoch eine einzige Strenge, von der wir hoffen, dass sie zum Profil des
Jahrbuches werden kann. Unser Begriff von Bildkritik setzt bei der Analyse der
Form an, also dem, was die Spezifik von Bildern ausmacht. Wenn uns daran ge-
legen ist, Medialität wieder zum Formproblem zu machen, so folgt dies der
Gewissheit, dass sich die visuellen Gehalte und Wirkungen, sei es im Bereich
der Kunst, der Wissenschaften oder der Politik, ohne die Erörterung der
Formen und ihrer Geschichte schlechterdings nicht klären lassen. Eine „Bildwissenschaft" ohne Formanalyse wirkt, als würde jemand, der nie ein Pferd
geritten hat, die Fähigkeiten eines Jockeys von einer fahrenden Limousine aus
kommentieren. Uns scheint diese Feststellung weder reaktionär noch naiv.
Mehr als ein Jahrhundert nach Alois Riegl, Heinrich Wölfflin und Aby Warburg,
die je auf ihre Art eine Wissenschaft vom Bild, die den Namen im Sinne einer
Relationsbeziehung von Form, Geschichte, Perzeption und Gehalt verdient,
geprägt haben, fordern wir mit aller gebotenen Skepsis gegenüber der
Geschichte einer reduktionistischen Form- und Stilgeschichte die Feinanalyse
wieder ein.

Mit der Formfrage die Zuständigkeit der Kunstgeschichte als der genuinen historischen Bildwissenschaft auf jedwedem Feld der Bildproduktion zu überprüfen, ist die Herausforderung, die wir mitnichten in den eigenen Kreisen suchen. Die Ernstnahme dessen, was das Bild zum Bild macht, ist deutlich auch in anderen Disziplinen zu spüren. Wir freuen uns, avancierte Beiträge zur Bildanalyse aus höchst verschiedenen Bereichen vorstellen zu können. Die

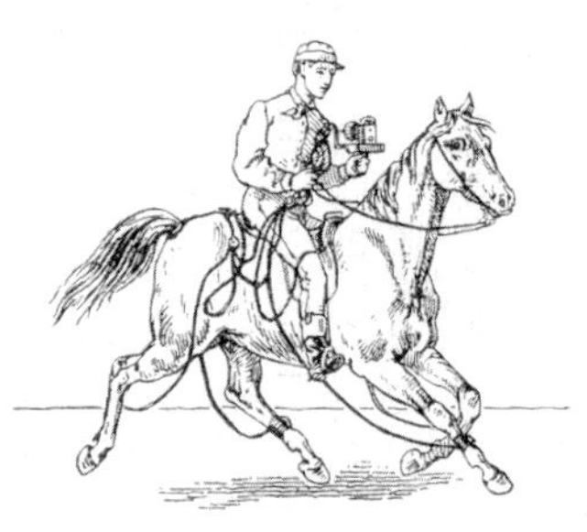

Artikel bieten eine wissentlich wilde „Startaufstellung" für den Aufgalopp, der mit dem Jahrbuch eröffnet wird. Um so mehr sind wir den AutorInnen zu herzlichem Dank verpflichtet.

Dieser erste Band gilt jenen Bildern, die in Prozessen ihre Gültigkeit haben. Gemeint sind sowohl Prozesse der Erkenntnis (Michael Hagner), der politischen Meinungsfindung (Lisa Parks), der Arbeitsvorgänge (Herbert Mehrtens) und der militärischen Bewegung (Martin Warnke), aber auch der Entwicklung von Visualisierungstechniken (Barbara Orland) und von Bildgegenständen selbst (Sandrina Khaled). Bilder in Prozessen können zudem zeigen, dass sie als Wissensobjekte erst in ihrer Nutzung und in ihrer Funktionszuschreibung ihre spezifische Bedeutung erhalten (Günter Abel).

Von diesem Punkt aus soll kontinuierlich versucht werden, die Diskussion um die Bilder durch Rückführung auf die Kognitionsprobleme der Form zum Kern des Gegenstands und damit zur Verwissenschaftlichung zu führen. Es ist gewiß, dass jetzt und in Zukunft Anspruch und Wirklichkeit Lücken aufweisen können, die wir im Laufe der Zeit zu begrenzen hoffen. Sich an diesem Prozess zu beteiligen, laden wir alle Disziplinen ein, in denen Bilder ihre Spezifik als Wissensobjekte zu erweisen vermögen.

Horst Bredekamp, Gabriele Werner

Horst Bredekamp, Angela Fischel, Birgit Schneider, Gabriele Werner

Bildwelten des Wissens

In einer 1984 im „Kursbuch" gedruckten Festrede legte Valentin Braitenberg, langjähriger Direktor des Tübinger Max-Planck-Instituts für biologische Kybernetik, das verblüffende Geständnis ab: „Wenn ich zum ersten Mal ein Präparat von einem mir unbekannten Stück Gehirn, vielleicht mit einer neuartigen Präparationstechnik hergestellt, im Mikroskop betrachte, so ist der erste Eindruck der einer wirren Ansammlung von Abfällen verschiedener Sorten von exotischem Gemüse. Der Anblick wäre zum Verzweifeln, wüsste ich nicht aus Erfahrung, dass die ruhige Betrachtung der Strukturen jedes mal langsam eine Klärung bringt. [...] Dann, bei der Wiederholung der Beobachtung und besonders bei der mehrfachen Beobachtung verschiedener Exemplare derselben Art, drängen sich Elemente auf, deren Benennung zum Ausgangspunkt einer sprachlichen Erfassung der Situation wird."[1]
Der so beschriebene Prozess von der Beobachtung zu einer Beschreibung des Wahrgenommenen lässt sich auf Bilder übertragen, damit diese als Erkenntnismittel dienen können, muss auch in ihnen auch das Exemplarische und Gesetzmäßige wahrgenommen werden.[2] Dies geschieht durch vergleichendes Sehen. Dass die Form also nicht unmittelbar ganz erfasst werden kann, weil sie in einer größeren ästhetisch-kulturellen Sehtradition steht, wird im Fortgang des Textes deutlich: „[Die] Untersuchung der Formen der Lebewesen [ist] tatsächlich dem Lesen eines Textes verwandter als dem Messen und Experimentieren in der Physik, und die Theorien, die dabei entstehen, sind Deutungen, geisteswissenschaftliche Konstruktionen, semiologische Bestandaufnahmen. Was man alles in die Zeichnungen auf den Flügeln verschiedener Schmetterlinge hineindeuten kann, ist ganz ähnlich dem, was bei der Analyse gewisser phantastischer Malereien zutage tritt."[3]
Formanalyse ist bei Braitenberg Erkenntnis gewinnende und Theorie bildende Arbeit. Sein Brückenschlag zwischen biomorphen Gebilden und Werken der Bildenden Kunst ist kein Zufall, zumal er auf reziproke Weise zum Gründungsmythos der Bildenden Kunst gehört. Leon Battista Alberti sah in den unendlich ausdeutbaren Formen natürlicher Gebilde die Urstoffe aller Kunst,[4] um zu

---

1 Valentin Braitenberg: Tentakeln des Geistes. Vom Nutzen des Denkens in der Forschung. In: Kursbuch 78, Dezember 1984, S. 35 (freundl. Hinweis von Heinz-Elmar Tenorth).

2 Vgl. Randolf Menzel: Schönheit in einer Bilder-Wissenschaft. In: Gegenworte. Zeitschrift für den Disput über Wissen, hrsg. von der Berlin-Brandenburgischen Akademie der Wissenschaften, 9. Heft, Frühjahr 2002, S. 32.

3 Valentin Braitenberg (s. Anm. 1), S.41.

verdeutlichen, dass die Gebilde beider Sphären der Natur wie der Kunst, auf verwandte Weise zu deuten sind.

Wenn Naturformen als ‚Bilder' nach ähnlichen Wahrnehmungsprozessen erkannt und interpretiert werden, wie sie Kunstwerke auslösen, dann hat dies die weitere Konsequenz, dass Bilder die durch sie repräsentierte Realität nicht allein bezeugen, sondern mitbestimmen. Dass Bilder in den Wissensformationen gleichsam voller Eigensinn hausen, zeigt sich besonders dort, wo scheinbare ‚Fehler' auf gezielte Eingriffe verweisen. So befindet sich in einer Buchillustration des Jahres 1610 ein Kreis, dessen Spiel von Hell und Dunkel den Einfall des Lichts in einen Krater offenbart (Abb.1). Er gehört zur Darstellung des Halbmondes aus Galileis „Sidereus Nuncius", in dem Galileis Zeichnungen des Mondes in den Druck übertragen waren. Umso mehr erstaunt, dass dieser Riesenkrater auf der entsprechenden Zeichnung der Tag- und Nachtgleiche nicht ansatzweise zu erkennen ist, im Text des Sidereus Nuncius aber besonders markant beschrieben wurde: „eine Aushöhlung, die größer als alle anderen und der Form nach vollkommen rund ist."[5]

Astronomiehistoriker haben erschlossen, dass Galileis Beobachtungen zwar bis in die Details mit der Erscheinung des Mondes vom 3. Dezember 1609 um 17 Uhr übereinstimmt, einzig das augenfällige Element, der Krater, aber eine Zutat darstellt. Offenkundig hat Galilei zu einer Art ‚Not-Bild-Lüge' gegriffen, um die Erschütterung, die sein Buch auslösen musste, abzuschwächen. Der Mond hatte als Himmelskörper eine runde, harmonische Form zu sein, deren glatte Oberfläche wie ein himmlischer Garant der Vollendung aufscheint. Was Galilei sah und festhielt, war jedoch eine Wiederholung der verworfenen Erdoberfläche, womit sich die Hierarchie des Kosmos nach der kopernikanischen Erschütterung erneut verkehrte. Wenn Galilei aber inmitten der Aufwerfungen der Mondoberfläche einen kreisrunden Krater nachweisen konnte, und wenn dieser exakt in der Licht- und Schattenachse des Halbmondes lag, musste der Skandal weniger schmerzlich sein, dass die Hierarchie der Gestirne aus dem Lot geraten und der Mond mit seiner unebenen Oberfläche so unvollkommen war wie die Erde auch.[6]

4   Leone Battista Alberti: De Statua De Pictura Elementa Picturae, hrsg. von Oskar Bätschmann und Christoph Schäublin, Darmstadt 2000, S.142.
5   Galileo Galilei: Sidereus Nuncius. In: Ders.: Le opere. Editione nationale, hrsg. von Antonio Favaro, 20 Bd., Florenz 1890-1909, Bd. III, 1, S. 67f.

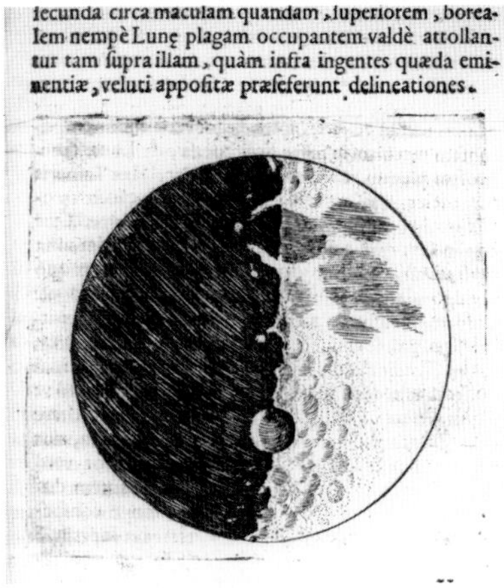

Galileis Mondbilder haben damit einen exemplarischen Doppelaspekt. Sie machen die überraschenden und auch verstörenden Beobachtungen des Mondes sinnfällig, verwandeln diese aber auch im Sinne einer eigenwilligen Bestimmung. Sie verdeutlichen, dass bei der Übersetzung von Vorstellungen, Modellen und Theorien in Bilder Formen nicht nur illustrative Oberflächen, sondern ihrerseits konstitutive Träger von Bedeutungen sind.

iecunda circa maculam quandam ,fuperiorem , borealem nempè Lunę plagam occupantem valdè attollantur tam fupra illam , quàm infra ingentes quæda eminentiæ ,veluti appofitæ præfeferunt delineationes.

Abb. 1: Anonymus, Darstellung der Mondoberfläche aus Galileo Galileis „Siderius Nuncius" von 1610, Kupferstich.

Dass auch der Charakter der bildgebenden Verfahren und Reproduktionstechniken modellbildend in Bezug auf das Dargestellte, aber auch in Hinblick auf den Betrachter wirkt, wird, wie Olaf Breidbach kürzlich gezeigt hat, anhand des „Atlas du cours de microscopie d'après natur au microscope daguerrotye",[7] den Donné und Foucault 1845 veröffentlichen, nachvollziehbar. Ein Bildtableau des Atlas zeigt vier mikroskopische Ansichten mit Blutkörperchen verschiedener Lebewesen (Abb. 2). Ihre transparenten Formationen sind klar und deutlich in den wie Objektträger oder Fotorahmen wirkenden Bildeinfassungen zu erkennen. Verschattungen und fragile Binnenstrukturen sind präzise modelliert und die Konturen, wie auch das typische Erscheinungsbild einzelner ‚Blutbilder‘, heben sich vor dem weißen Hintergrund deutlich ab. Einzelne Formen können leicht identifiziert und ihre Unterschiede verglichen werden.

Tatsächlich handelt es sich bei den Abbildungen in Donnés Atlas aber nicht, wie der Titel des Buches versprach, um Daguerrotypien. Die Tafeln zeigen vielmehr Drucke von „daguerrotypierten, auf eine eigentümliche Weise chemisch präparirten und geätzten Silberplatten"[8]. Dieser Rückgriff auf die Grafik hat mehr als nur reproduktionstechnische Konsequenzen.

---

6 Owen Gingrich: Dissertation cum Professore Righini et Siderio Nuncio. In: Reason, Experiment, and Mysticism in the Scientific Revolution, hrsg. von M. L. Righini Bonelli, William R. Shea, New York 1975, S.77 - 88, 86.

7 A. Donné und L. Foucault: Cours de microscopie complémentaire des études médicales, anatomie microscopique et physiologie des fluides de l'èconomie. Atlas exécute d'après nature au microscope-daguerréotype. Paris 1845; vgl. Olaf Breidbach: Representation of the Microcosm. The Claim for Objectivity in 19th Century Scientific Microphotography. In: Journal of the History of Biology, No. 35, 2002, S. 221 - 250, 224.

8 S. Th. Stein: Das Licht im Dienste der wissenschaftlichen Forschung, Leipzig 1877, S. 337.

So ließ sich der Bildgegenstand durch die Übertragung in die Grafik in einer Bildschärfe darstellen, die für ein medizinisches Lehrbuch angemessen schien. Lichteffekte und -brechungen, die bei der Lichtmikroskopie fast immer auftreten, die Artefakte der Fotografie sowie nicht zum Thema gehörende anatomische Details konnten dabei herausgefiltert werden. Die Bilder im Atlas geben somit nicht einfach Anatomien zur Ansicht, sondern sie dienen auch dazu, ein visuelles Modell und einen Standart zu definieren.

Zum einen sind die Tafeln Leitbilder für die zukünftigen mikroskopischen Untersuchungen der Studenten und Leser, denn das, was im Mikroskop sichtbar wurde, war, wenn überhaupt, nicht mehr ohne Vergleichsbeispiele zu verstehen. Dazu bedurfte es eines Regelwerks, wie dem „Atlas", mit dem die ‚Ikonographie' der gesunden und kranken Blutkörper eingeübt werden konnte. Als Modelle wirkten die Tafeln des Atlas aber auch in formaler Hinsicht, indem sie ein Ideal an Tiefenschärfe und Detailgenauigkeit vorgaben.

Mit der Fotografie hat sich auch das Selbstverständnis der Wissenschaften und ihr Umgang mit dem Bild verändert. Die physiko-chemische Bilderzeugung im 19. Jahrhundert war die Grundlage dafür, daß apparativ erzeugte Bilder, wie die der Mikroskopie, als beweiskräftige Objekte in der medizinischen Diagnose und wissenschaftlicher Argumentation eingesetzt werden konnten. Wenn Donné und Foucault sich im Titel auf die Daguerrotypie beriefen, verwiesen sie ausdrücklich auf die technische, von manuellen Schwankungen freie Evidenz dieser Technik. Denn, wie Donné schon 1844 erklärt hatte, erlaube es die Mikrofotografie auch demjenigen Naturforscher, der über kein künstlerisches Talent verfügte, getreue Bilder des Mikrokosmos zu produzieren.[9] Dass Donné und Foucault diese Verheißung mit Hilfe grafischer Techniken einlösen mußten, ist kein Widerspruch.[10] Gerade weil die Abbildungen der Publikation von 1845 keine Fotografien waren, trugen sie der fototechnischen Versprechung in programmatischer Weise Rechnung, indem eindeutig apparative Signifikanten

9 Vgl. Olaf Breidbach (s. Anm. 7), S. 224. Zur Diskussion über Zeichnung, Präparat und Fotografie als Mittel der Darstellung mikroskopischer Bilder im 19. Jahrhundert: Jutta Schickore: Fixierung mikroskopischer Beobachtungen. Zeichnung, Dauerpräparat, Mikrofotografie. In: Ordnungen der Sichtbarkeit. Fotografie in Wissenschaft, Kunst und Technologie, hrsg. von Peter Geimer, Frankfurt 2002, S. 285 - 310. Zur Diskussion um den wissenschaftlichen Einsatz der Mikroskopie um 1800 siehe dies.: Eröffnung der Augen. Auge und Sehen in der mikroskopischen Anatomie. In: Wahrnehmung der Natur — Natur der Wahrnehmung, hrsg. von Gabriele Dürbeck (u. a.), Dresden 2001. S. 165 - 178.
10 Olaf Breidbach (s. Anm. 7), S. 225.

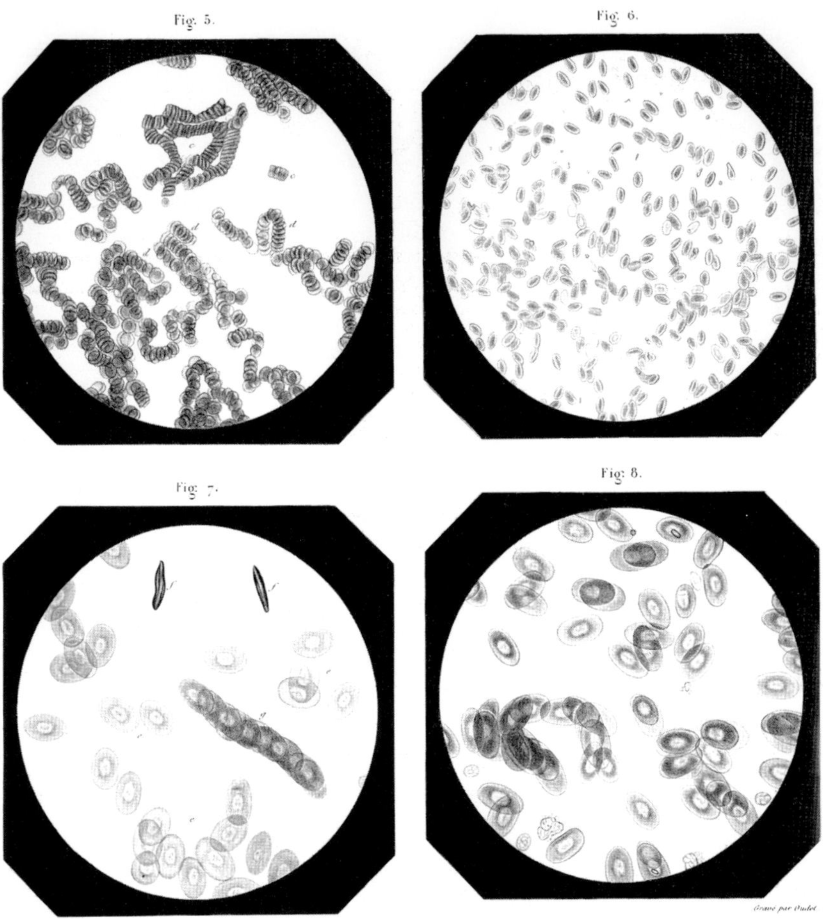

Abb. 2: A. Donné und L. Foucault, Atlas exécute d'après nature au microscope-daguerréotype.
Paris, 1845, Tafel 2 (Blutkörperchen).

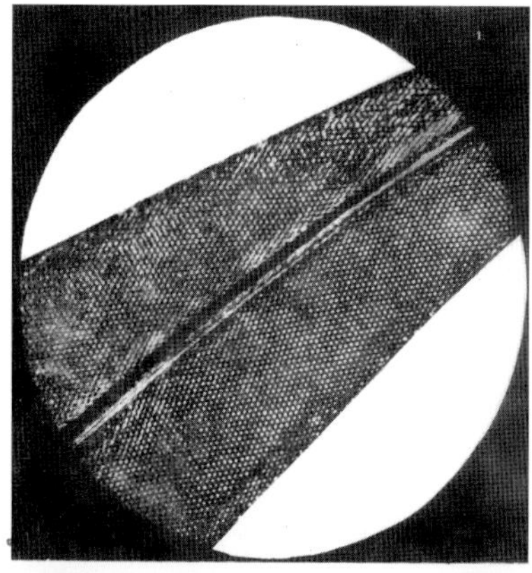
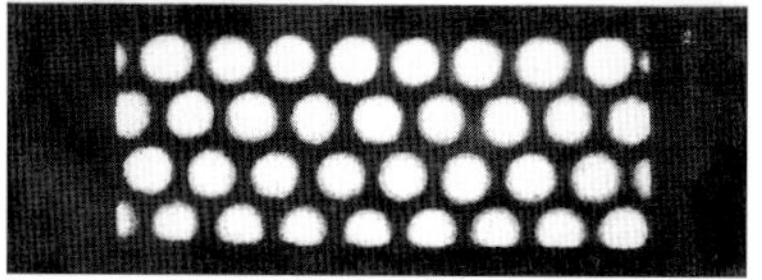

Abb. 3: Durch Vergrößerung eines Original-
negativs hergestellte Mikrofotografie.
Oben 4500fache, unten 27000fache Vergrößerung.

mit ins Bild gesetzt wurden. Standen die achteckigen Rahmen der Drucke für Fotorahmen oder für Objektträger, so verwiesen auch die kreisrunden Bildausschnitte auf die technische Form einer optischen Linse.

So wurden schon mit den Rahmenformen eindeutig apparative Signifikanten, nämlich die ‚fotografierten' Objektträger mit ins Bild gesetzt, obwohl dies inhaltlich nicht nötig gewesen wäre; erst recht die schematische Klarheit der mikroskopischen Ansichten deutete auf das Ideal einer maschinellen Optik.

Die zweite, nicht minder spektakuläre Vermittlung von Natürlichkeit und Kunstform ereignete sich wenige Jahre darauf im nun auf Papier reproduzierbaren Medium der Fotografie. Joseph von Gerlach, der Pionier naturwissenschaftlicher Fotografie, hat das Stichwort gegeben. Die beobachtende Subjektivität des Betrachters, so schrieb er 1863, sei durch die Fotografie in eine so störungsfreie Selbstrepräsentation des Objektes verwandelt,[11] dass es im Abbild in authentischer Präsenz erörtert werden könne. Bei Reproduktionen der Aufnahmen überrascht jedoch, dass diese bis zu dreißigtausendfache Vergrößerungen aufweisen, obwohl die Vergrößerungsgrenze bei natürlichem Licht bei dem Faktor zweittausend liegt. Die Lösung liegt darin, dass nicht die Objekte selbst, sondern ihre Fotografien in mehreren Vorgängen fotografisch vergrößert wurden; so zeigen die ringförmigen Vertiefungen die mehr als achttausendfache Vergrößerung einer Mikrofotografie, die mehrfach dem Vergrößerungsprozess unterzogen wurde (Abb. 3). Damit aber hat sich die These von der Objektivität der Mikrofotografie dadurch bewahrheitet, dass diese nicht das Objekt, sondern sich selbst repräsentiert. Die maschinell erzeugte Wiedergabe der objektiven Realität ist die der Fotografie. Was in den Publikationen als Natur erscheint, ist Produkt eines closed circuit von Kunstprodukten.[12]

Obwohl jene Publikationen des 19. Jahrhunderts, auf denen sich der Glaube auf die Faktizität der Bilderzeugnisse gründete, diesem Anspruch nur bedingt

11 D. Gerlach (Hg.): Die Anfänge der histologischen Färbung und die Mikrophotographie. Joseph von Gerlach als Wegbereiter, Thun/Frankfurt a.M. 1998, S. 107.
12 Olaf Breidbach (s. Anm. 7), S. 232f.

folgen, hat sich der Glaube an die Objektivität maschinell hergestellter Bilder bewusst oder unbewusst bis heute tradiert. Die Darstellung und Bewertung des objektiv-Natürlichen folgt offenbar einem Verfahren, das als Disjunktionsprinzip der naturwissenschaftlichen Darstellung charakterisiert werden kann: Je natürlicher ein Gegenstand in der Wiedergabe erscheint, desto stärker wurde sein Bild konstruiert.

Zu fragen wäre, ob dieses Verfahren notwenig die Erkenntnisinteressen einer scientific community bedient oder ob es nicht viel mehr die exoterische Funktion hat, der Legitimation und öffentlichen Akzeptanz bestimmter Forschungsfragen und der Durchsetzung von Bildtechniken und bildgebenden Technologien zu dienen. Bis heute stehen illustrierte Wissenschaftsjournale, Feuilletons und der Film in einer Allianz, die Natürlichkeit konstruierter Bildwelten glaubhaft zu versichern. Die formale Analyse jener Bildwelten, die gerade nicht den Effizienzparadigmen naturwissenschaftlicher Arbeitsprozesse unterliegen, sondern welche die Möglichkeiten bildgebender Verfahren spielerisch immer wieder zu neuen Grenzen treiben (und damit das Disjunktionsprinzip auf die Spitze stellen), vermag die Skepsis über die Natur dieses Natürlichen zu begründen.

Die Protagonisten Dr. Akira Ross aus dem Film „Final Fantasy" von Hironobu Sakaguchi und Sulley aus „Monsters, Inc.", einer Disney-PIXAR-Produktion (Abb. 4), sind Computergrafiken, nach der Definition von Friedrich Kittler also Algorithmen, die über die Optik entscheiden, die der Welt zu sehen gegeben werden soll.[13] Formal geht es um die Generierung von sechzigtausend einzelnen Haarsträhnen und die Errechnung eines Ganzkörperfells, das sich analog zu den Bewegungen in verschiedene Richtungen ausrichtet, d.h. um die Prüfsteine der Rechen- und Rechnerleistung. Doch im Unterschied zu Computergrafiken, die z.B. in der Astrophysik, in der Biologie oder auch in den Ingenieurswissenschaften hergestellt werden, lassen sich wehende Haare oder wogende Felle nicht mehr auf einen mathematischen Formalismus, auf eine konstruktive Arbeit innerhalb eines Regelsystems reduzieren. Diese Computergrafiken einer Alienjägerin oder eines Plüschmonsters sind historisch

---

13 Friedrich Kittler: Computergrafik. Eine halbtechnische Einführung. In: Intervalle 5. Schriften zur Kulturforschung: Mimetische Differenzen. Der Spielraum der Medien zwischen Abbildung und Nachbildung, hrsg. von Sabine Flach und Georg Christoph Tholen, Kassel 2002, S. 228.

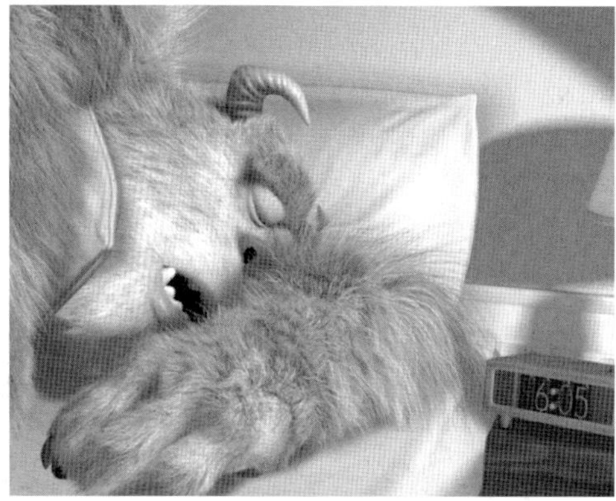 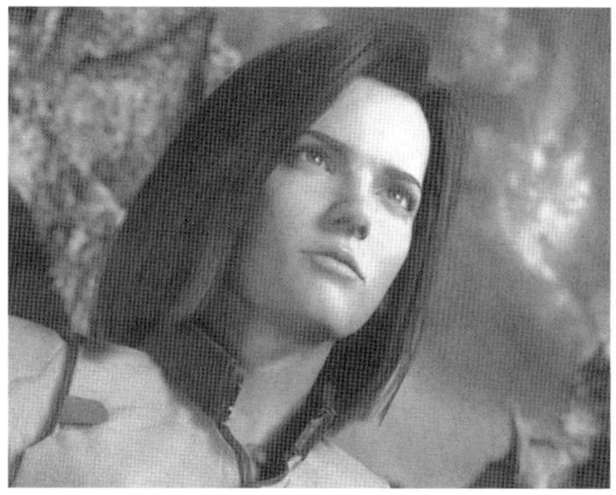

Abb. 4: Links: Sulley aus „Monsters, Inc.". Rechts: Dr. Akira Ross aus „Final Fantasy".

determiniert und ikonografisch vorgeprägt,[14] auch wenn sie zu 100% gerechnet sind und nicht aus vorgängigen Medien bearbeiten wurden. Ihre Art der Präsenz ist nicht aus der Freiheit konstruktiver Bildschöpfung zur Erkenntnisbegründung entstanden, wie z.B. die Symbolik der Molekülmodelle.[15] In beiden Figuren wird die um 1900 tradierte „Koppelung zwischen Weiblichkeit und allem Stofflichen"[16] explizit gemacht.

Dort hingegen, wo Bilder in Arbeitsprozessen und Laborpraktiken als Modelle fungieren und wie faktenproduzierende Instrumente gehandhabt werden, steht nicht in Frage, dass ihre formale Gestalt den inhaltlichen Fragestellungen entsprechen müssen. Sie „machen etwas verfügbar",[17] und dieses intendierte „Etwas" wird mit hohem Aufwand erzeugt, wie das Beispiel Mustererkennungen in der Astrophysik zeigt (Abb. 5): „Es ist heute möglich, Computer darauf zu programmieren, in einem Bild ein vorgegebenes Muster zu erkennen. Dafür existieren mehrere digitale Methoden, grundsätzlich sind es immer die folgenden drei Schritte: 1. Das Bild des Musterbeispiels wird auf Kennzahlen reduziert. [...] Dabei sind dann Hunderte von Kennzahlen nötig. Diese Kennzahlen sind aussagekräftiger als einzelne Bildpunkte und enthalten den essentiellen Bildinhalt. Sie lassen sich viel leichter vergleichen als die Millionen

14 Vgl. Inge Stephan: Das Haar der Frau. Motive des Begehrens, Verschlingens und der Rettung. In: Claudia Benthin, Christoph Wulf (Hg.): Körperteile. Eine kulturelle Anatomie, Reinbek bei Hamburg 2001, S. 27 - 48.

15 Vgl. hierzu die Beiträge von Gerd Folkers: Architektur und Eigenschaften der Moleküle des Lebens und von Reinhard Nesper: Die chemische Symbolik. In: Mit dem Auge denken. Strategien der Sichtbarmachung in wissenschaftlichen und virtuellen Welten, hrsg. von Bettina Heintz und Jörg Huber, Institut für Theorie der Gestaltung und Kunst, Zürich, New York 2001, S. 159 - 172; S. 173 - 185.

16 Irene Nierhaus: Text + Textil. Zur geschlechtlichen Strukturierung von Material in der Architektur von Innenräumen. In: Um-Ordnung. Angewandte Künste und Geschlecht in der Moderne, hrsg. von Cordula Bischoff und Christina Threuter, Marburg 1999, S. 88.

17 Gottfried Boehm: Die Wiederkehr der Bilder. In: Ders. (Hg.): Was ist ein Bild?, München 1994, S.11 - 38.

von Pixeln eines ganzen Bildes. 2. Das zu untersuchende Bild wird auf dieselbe Weise auf Kennzahlen reduziert. 3. Schließlich werden die Kennzahlen verglichen. Sind die Kennzahlen des Bildes genügend nahe beim Musterbeispiel, gilt das Muster als im Bild erkannt."[18]

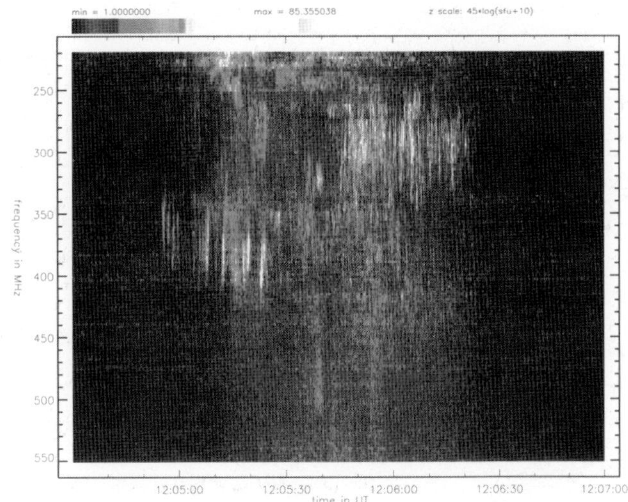

Abb. 5: „Optimale Bilddarstellung" zur Erkennung von Mustern in der Astrophysik, Störungen wurden entfernt und Kontrasteinstellungen verbessert.

Hier wird deutlich, dass ein digitales Bild, das zum Objekt einer Mustererkennung gemacht wurde, ein Grenzgänger in den Bereich der Malerei ist und dies nicht, weil Bildverarbeitungsprogramme zur Optimierung der Bildausgabe „Malwerkzeuge" bereitstellen. In beiden Fällen werden Entscheidungen über Form, Farbe, Gestalt und Inhalt getroffen. Die Reduktionsprozesse, die durchgeführt werden, um aus einer Fülle von Informationen ein aussagefähiges Bild zu erhalten, lassen sich als ein Verfahren verstehen, den Anteil der Vorstellungen und Erwartungen der Bildgestalter herauszurechnen. Es werden Formen zur Übereinkunft und zur Verständigung angeboten, die stilprägend für diese Bilder sind. Das nicht-intentionale Wissen, das über die Farb- und Motivwahl und über das Apparatehafte des Mediums als Effekte des Bildes mittransportiert wird, muss deshalb unberücksichtigt bleiben, um stattdessen die Praxis einer technifizierten Lesbarkeit der Bilder zu garantieren.[19]

Die semantische Macht aber scheinbar nur syntaktisch erzeugter Bilder macht den Kern jenes „iconic turn"[20] aus, der eine tiefsitzende Bildgläubigkeit zu

18 Arnold Benz: Das Bild als Bühne der Mustererkennung. Ein Beispiel aus der Astrophysik. In: Bettina Heintz und Jörg Huber (s. Anm. 15), S. 74.

19 Arnold Benz (s. Anm. 18), S. 72 - 73: „(Muster) sind nicht a priori gegebene Urbilder, die der Wirklichkeit zugrunde liegen. Sie sind aber auch nicht beliebig. Sie folgen aus vielen Beobachtungen durch die besten Kenner der Matrie und unterliegen einer scharfen *peer review* (...) Nicht nur haben verschiedene Beobachter unscharfe und verschiedene Muster im Kopf, es gibt in den Meßwerten immer wieder Fälle, die nicht eindeutig zu klassifizieren sind. Das sichere Erkennen von Mustern in Spektrogrammen braucht viel Erfahrung." (Hervorh. der Verf.).

20 Gottfried Boehm (s. Anm. 17), S. 11 - 38.

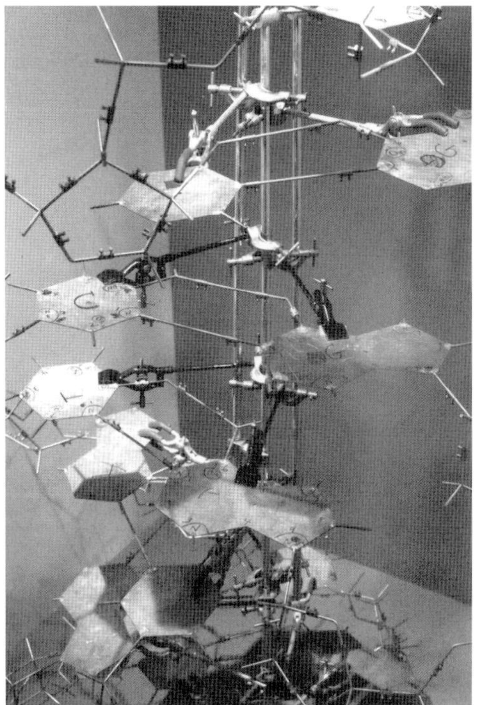

Abb. 6: Detail des Doppelhelixmodells von Francis Crick und James Watson, 1953.

thematisieren und durch eine differenzierte Repräsentationstheorie einer kritischen Analyse zu unterziehen sucht.[21] Eine solche scheint umso notwendiger, als die Möglichkeit, Bilder mit Daten zu verknüpfen, mancherorts als der Königsweg gewertet wird, der aus der Opposition von Imago und Subscriptio, von Bild und Text, hinausführt. Eine Überbetonung der Eigengesetzlichkeit der Imago riskiert jedoch, eine säkulare Form des Bildglaubens zu fördern, während auf der Seite der Subscriptio als einer logozentrische Bestimmung der Bilder die Gefahr in der Überschätzung ihrer Textualität liegt. Die Überbrückung dieser Spanne gehört zu den Herausforderungen, die der Sprache auferlegt sind.

Kein anderer prominenter Gegenstand des 20. Jahrhunderts hat wie die Doppelhelix beide Besetzungen erfahren. Von einem Pappmodell zum Werkstück feinmechanischer Handwerkskunst (Abb. 6), von Schemata zu flüchtigen Skizzen (Abb. 7) bis hin zu schier unbegrenzt variierten Animationen ins Bild gesetzt, konkurrierte diese Ikone der Gegenwart nun mit einem anderen ‚Bild‘, den Zeilen und Spalten der ATCG-Permutationen (Abb. 8). Lily Kay hat die Politik zu bestimmen versucht, die mit der skripturalen Repräsentation des Human Genom Projekts verbunden ist: „Scientists who do DNA-linguistics say that we are faced with the same problem that Faust had with the first sentence in St. John's Gospel 'In the beginning was the word'. Because DNA is seen as the beginning of life, so 'in the beginning was the word' means in the beginning was the DNA sequence. So how can there be a word before there was a thing? They are caught up in the same kind of Faustian dilemma, and the Faustian dilemma of course is: is it creation or is it revelation? If it's the word it is

21 Als jüngstes Beispiel vgl. David Gugerli und Barbara Orland (Hg.): Ganz normale Bilder. Historische Beiträge zur visuellen Herstellung von Selbstverständlichkeiten, Zürich 2002.
22 Die Genese des Gencodes. Interview mit Lily E. Kay (geführt von Susanne Holl und Wolfgang Schäffner). In: Kaleidoskopien, hrsg. am Institut für Theaterwissenschaft der Universität Leipzig, Heft 3, Leipzig 2000, S. 324.

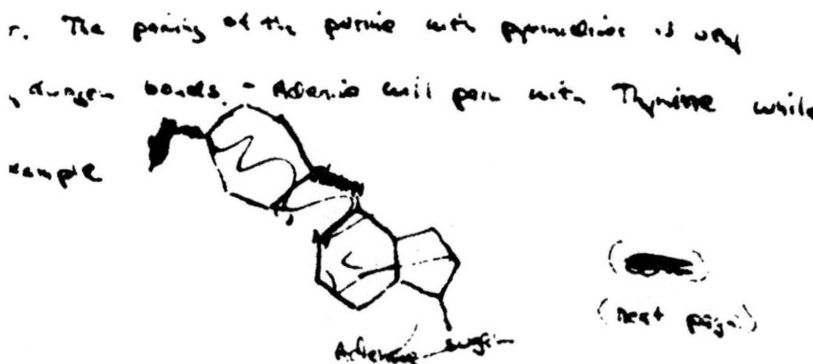

Abb. 7: Handzeichnung von James Watson in einem Brief an Max Delbrück vom 12. März 1953.

revelation, if it's the act it is creation. So it leaves molecular biologists in one of two positions. Either they play god and do creation, or they play Faust and do revelation. And these are the two positions that are available. That's why I think it is biopower."[22] Kein Bild, dies zeigt sich am Bild der Doppelhelix in besonderer Weise, erschöpft sich im Begriff der „Illustration". Da Bilder in der sachlich richtigen Wiedergabe des Gegenstandes sowohl durch die zeitgenössischen Kontexte ihrer Entstehung als auch durch die Vorgeschichte der eigenen Gattung geprägt sind, greift jede Bildanalyse zu kurz, die entweder nur das prägende Ambiente oder nur die Bildgeschichte berücksichtigt.

Bilder zeigen als Ausdruck von Wahrnehmungen, Beobachtungen und von Erkennen bestimmte Weisen des In-der-Welt-Seins an und sind deshalb genuin interdisziplinär. Auch die Methoden, mit denen nach dem konstruktiven Charakter jedweder Bildprägung gefragt wird, können nur interdisziplinär sein, aber sie müssen der Spezifik des Gegenstandes folgen. Für Bilder, die in einer umfassenden Kultur einer Arbeit am Wissen betrachtet werden, hat sich die Theorie von den zwei Kulturen, Natur- vs. Geisteswissenschaft, als überaus hinderlich erwiesen. Es ist die Überzeugung der Herausgeber, dass die kunsthistorische Methode der Ikonologie, die jedwedes Bild, also auch naturwissenschaftliche Bildprodukte, im Rahmen seiner sozialen und kulturell vermittelnden und vermittelten Kodes begreifbar macht und die Formgeschichte als spezifische Qualität dieser Bestimmung zu erschließen sucht, nicht nur nicht an ein Ende gekommen, sondern neu zu bestimmen und fruchtbar zu machen ist. Mit Aby Warburg und Erwin Panofsky haben zwei Kunsthistoriker in bis heute maßgeblicher Form gezeigt, dass zur Beschreibung eines Bildes als historisches, kulturelles und politisches Ereignis sowohl der Kontext als auch die Formgeschichte gehören. Die neuerliche Herausforderung liegt darin, visuellen Repräsentationen von Wissen als Bestandteil der Wissensformationen zu rekontextualisieren, ohne ihre Spezifik und Eigenwilligkeit aus den Augen zu verlieren.

```
TAGACCTCACCCTGTGGAGCCACACCCTAG
GGTTGGCCAATCTACTCCCAGGAGCAGGGA
GGGCAGGAGCCAGGGCTGGGCATAAAAGTC
AGGGCAGAGCCATCTATTGCTTACATTTGC
TTCTGACACAACTGTGTTCACTAGCAACCT
CAAACAGACACCATGGTGCACCTGACTCCT
GAGGAGAAGTCTGCCGTTACTGCCCTGTGG
GGCAAGGTGAACGTGGATGAAGTTGGTGGT
GAGGCCCTGGGCAGGTTGGTATCAAGGTTA
CAAGACAGGTTTAAGGAGACCAATAGAAAC
TGGGCATGTGGAGACAGAGAAGACTCTTGG
GTTTCTGATAGGCACTGACTCTCTCTGCCT
ATTGGTCTATTTCCCACCCTTAGGCTGCTG
GTGGTCTACCTTTGGACCAGAGGTTCTTT
GAGTCCTTTGGGGATCTGTCCACTCCTGAT
GCTGTTATGGGCAACCCTAAGGTGAAGGCT
CATGGCAAGAAAGTGCTCGGTGCCTTTAGT
GATGGCCTGGCTCACCTGGACAACCTCAAG
GGCACCTTTGCCACACTGAGTGAGCTGCAC
TGTGACAAGCTGCACGTGGATCCTGAGAAC
TTCAGGGTGAGTCTATGGGACCCTTGATGT
```

Abb. 8: ATCG Permutation.

Mit dem Jahrbuch „Bildwelten des Wissens" soll versucht werden, Elemente einer neuen Bildtheorie in die Hand zu bekommen, welche die wissenschaftlichen und methodischen Handwerkzeuge und die formspezifischen Konkretionen der kunsthistorischen Spezialanalyse nutzt, um eine empirisch begründete Kulturtheorie des Bildes als Wissensbestand und Wissenszustand zu entwickeln. Bilder können so in einem Kontext des Handelns begriffen werden und in ihrer formal differierenden Gestalt in ihrer Funktion als *image of discovery* oder *image of justification* zum Gegenstand der Analysen gemacht und ihre Erscheinungen ernst genommen sowie kritisiert werden. Sie entgehen damit ihrer Zuschneidung als enthobenes Kunstwerk, als dienende Illustration, oder als reflexhaftes Spektakel.

Barbara Orland

Der Mensch entsteht im Bild
Postmoderne Visualisierungstechniken und Geburten

Zur Welt kommen

Bislang kam der Mensch mit der Geburt zur Welt. Mit dem ersten Schrei wurde er zum Erdenbürger und zur juristischen Person, zum Mitglied einer Familie, einer Gesellschaft, einer Nation. Die symbolische Bedeutung der Geburt variierte über die Zeit, immer aber war sie folgenreich. Bis weit in die Neuzeit hinein wurden per Kaiserschnitt oder tot zur Welt gekommene Kinder als „Nicht-Geborene" bezeichnet. Sie hatten sich der Unzweideutigkeit des Vorganges entzogen. Im Urteil ihrer Umwelt standen sie im Grenzbereich zwischen Irdischem und Göttlichem, zwischen Wirklichkeit und Magie.[1]

Je radikaler die Geburt als Einschnitt betrachtet wird, umso deutlicher lässt man den Beginn menschlicher Entwicklung erst postnatal einsetzen. Denn Auffassungen über den Entwicklungsprozess des Menschen hängen eng mit der Bewertung des Geburtsereignisses zusammen. Noch zu Beginn des 20. Jahrhunderts waren die Ansichten von John Locke und Jean Jacques Rousseau in Kirche, Rechtsprechung, Medizin und Politik spürbar. Das neugeborene Kind galt diesen als Inbegriff einer unentwickelten Natur, als Naturmensch par excellence. Selbst Sigmund Freud sah im Neugeborenen ein unbeschriebenes Blatt, kaum mehr als ein Bündel von Reflexen und Nervenreizen. Er sprach ihm jede Art von Bewusstsein ab. Erst nach und nach sollte aus bloßer Physiologie ein komplexer, vernunftbegabter Mensch entstehen.[2]

Die Haltungen gegenüber Schwangerschaft, Geburt und Neugeborenen haben sich seither gründlich geändert. Dass den Visualisierungstechniken in diesen Entwicklungen eine entscheidende Rolle zukommt, ist unter Sozialwissenschaftlern und Historikern unbestritten. Vor allem jene von der neuen Frauenbewegung inspirierten Arbeiten haben deutlich gemacht, wie die medizinischen Visualisierungstechniken die Körpererfahrungen von Frauen beeinflussen. Mit dem Aufkommen des Ultraschalls und seiner inflationären Verwendung in der Geburtshilfe, so Barbara Duden, wurde aus einer „guten Hoffnung" ein Kind, aus dem Embryo ein separates, autonomes Wesen und aus der Schwangeren ein „überwachungs-, beratungs- und entscheidungsbedürftiges Umfeld" des Foetus.[3]

---

1 Maria Nadja Filippini: Die „erste" Geburt. Eine neue Vorstellung vom Fötus und vom Mutterleib. In: Geschichte des Ungeborenen. Zur Erfahrungs- und Wissenschaftsgeschichte der Schwangerschaft,17.-20. Jahrhundert, hrsg. von Barbara Duden, Jürgen Schlumbohm, Patrice Veit, Göttingen 2002, S. 99 - 127.

2 Vgl. zu dieser Frage René A. Spitz: The First Year of Life. A Psychoanalytic Study of Normal and Deviant Development of Object Relations, New York 1965.

Eine Fülle von Studien befasst sich mittlerweile mit verschiedenen Aspekten der Visualisierung der Schwangerschaft.[4] Nur wie sich die bildlichen Evidenzen des Schwangerenkörpers auf die Konzeptionen der Geburt auswirken, wird wenig diskutiert. Kann man noch länger vom „Eintritt in das Leben" oder vom „Zur Welt kommen" sprechen, wenn die pränatale Zeit zu einer eigenständigen Lebensspanne umdefiniert wird und Foeten ein Eigenleben zugestanden wird? Durch den breiten Einsatz neuer Visualisierungstechniken wird das Ungeborene nicht nur ,sichtbar' gemacht, sondern auch jedes Stadium dieses weitgehend als selbsttätig gedachten Prozesses lückenlos dokumentiert, vermessen und in die Norm einer ,natürlichen' Entwicklung gebracht. Was aber bedeutet es für das Ereignis der Geburt, wenn auf visuellem Wege eine räumlich-zeitliche Verschmelzung verschiedener Entwicklungsstadien gelingt und durch Bilder ein nahtloser Anschluss zwischen prae- und postnataler Phase hergestellt wird? Diese Fragen gewinnen umso mehr an Bedeutung, als gegenwärtig technische Bedingungen herrschen, die keine einfache Erweiterung des visuellen Instrumentariums der Medizin darstellen. Nicht nur ist das Ensemble bildgebender Techniken, mit deren Hilfe die vorgeburtliche Entwicklung des Menschen visualisiert werden kann, stetig erweitert worden. Neben standardisierte Techniken des Ultraschall, der Mikrofotografie oder der Computertomografie sind neue Aufnahmeverfahren wie die Magnetresonanztomografie (MRI) getreten.[5] Zugleich wurden vorhandene Aufnahmetechniken digitalisiert. Bilder sind seither Ergebnis bestimmter apparativer Voraussetzungen, die mit Ultraschallwellen oder Röntgenstrahlen zweidimensionale Querschnitte vom Uterus erzeugen. Und sie sind Produkte rechnergestützter Bildverarbeitung. Mit welchem Verfahren auch immer die Daten akquiriert wurden, sind sie einmal digitalisiert, können sie anschließend problemlos in verschiedensten Bildtypen

---

3   Barbara Duden: Zwischen ,wahrem Wissen' und Prophetie. Konzeptionen des Ungeborenen. In: Dies., et. al. (s. Anm. 1), S. 11.

4   Vgl. z.B. Lisa Cartwright: Screening the Body. Tracing Medicine's Visual Culture, Minneapolis, London 1995; Carol A. Stabile: Shooting the Mother. Fetal Photography and the Politics of Disappearance. In: Camera Obscura. A Journal of Feminism and Film Theory 28 (1992), S. 175 - 205; Paula A. Treichler et. al. (Hg.): The Visible Woman. Imaging Technologies, Gender, and Science, New York 1998.

5   Zur Einführung des MRI in die Pädiatrie, vgl. Barbara Orland: Babys in der Röhre. Wie die Pädiatrie in den 1980er-Jahren die Normalisierung der Magnetresonanztechnik unterstützte. In: Ganz normale Bilder. Historische Beiträge zur visuellen Herstellung von Selbstverständlichkeit, hrsg. von David Gugerli, Barbara Orland, Zürich 2002, S.227 - 250.

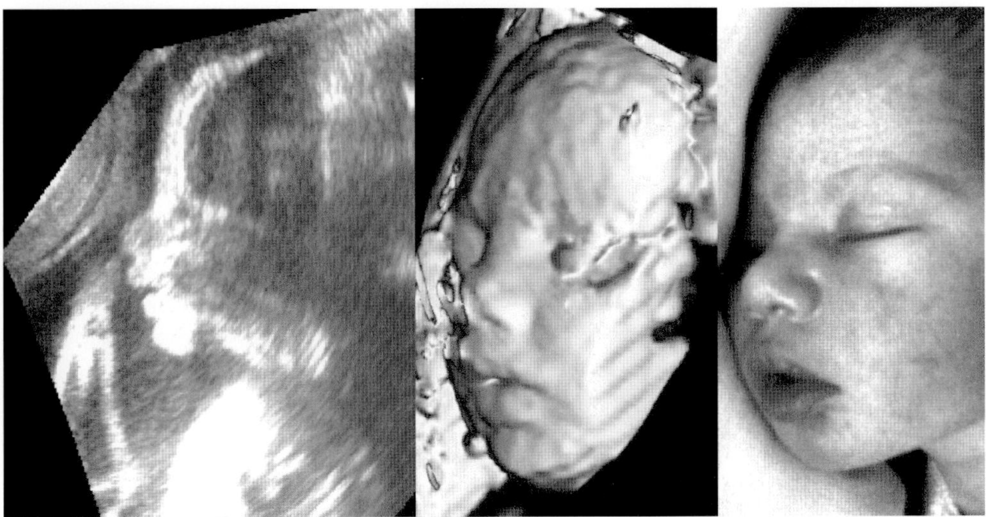

Abb. 1: Porträt einer Menschwerdung.

fusionieren. Beispielhaft sollen die epistemischen Folgen dieser technischen Entwicklungen für die Wahrnehmung des Geburtsereignisses im Folgenden erörtert werden.

Physiognomie ohne Grenzen
Die Bilder der Tochter von Georgios Sakas, Professor für Computergrafik und medizinische Bildverarbeitung am Fraunhofer Institut für Grafische Datenverarbeitung in Darmstadt und zugleich Direktor von MedCom, einem Spin-off des Fraunhofer Institutes, welches die Visualisierungssysteme kommerzialisiert,[6] bieten einen exemplarischen Auftakt.
Unschwer erkennbar geben die zu einem Bild montierten Vorlagen (Abb. 1) drei unterschiedliche Zeitpunkte während der Schwangerschaft und kurz nach der Geburt wieder, und sie tun dies mittels Verknüpfung dreier verschiedener Aufnahmeverfahren: Links ein konventionelles Ultraschallbild aus der 23. Schwangerschaftswoche, in der Mitte eine ultraschalltomografische 3D-Aufnahme aus der 30. Schwangerschaftswoche und rechts eine Fotografie einen Tag nach der Geburt. Georgios Sakas hat diese Bilder veröffentlicht, um die Algorithmen eines Bildverarbeitungsprogrammes, mit dem Ultraschallsignale in 3D-Bilder umgewandelt werden können, ad hominem zu demonstrieren. Gleichsam als erneute Bestätigung der McLuhanschen Formel: „Das Medium ist die Botschaft", lag das Anliegen darin, im „Facing" die differierende Qualität verschiedener Bildtechniken zu betonen. Wie so oft in der Technikgeschichte, stellte sich der praktische Nutzen der ursprünglichen Entwicklung erst später

---

6 Genauere Angaben zur Firma finden sich auf der Website: http://www.medcom-online.de .

und über Umwege ein. Fernab aller Medizin verfolgte der Computergrafiker Anfang der 1990er Jahre in seiner Doktorarbeit die Aufgabe, Algorithmen für dreidimensionale Visualisierungen der Wolkenbildung zu finden. Ziel war, das Computerbild der räumlichen Vorstellungskraft des Menschen anzupassen.[7] Wie aber kommt man vom Versuch, einen Raum auf dem Bildschirm zu simulieren, zu einer Portraittechnik, die als eine Art postmoderne Antlitzkunde einen Zugang zu praenatalen Wesenszügen gestattet?

Auch das Körperinnere ist zunächst nichts weiter als ein dreidimensionaler Raum, der seit nunmehr drei Jahrzehnten durch tomografische Verfahren wie CT oder MRI visualisiert wird. Ein oder mehrere Schnittbildsequenzen werden dazu mit den als „Volumenvisualisierung" bezeichneten Verfahren in dreidimensionale Bilder umgewandelt.[8] Die räumliche Tiefe entsteht hierbei durch Vermessung von Gegenständen im Raum. Eine vorher geometrisch festgelegte Akquisition von Bildsequenzen (Datenauflösung 256 Schichten mit je 256x256 Bildpunkten) repräsentiert einen Block von Bildpunkten, die definiert sind durch ihren Platz in einem Koordinatensystem und durch verschiedene Grauwerte (ebenfalls 256 zwischen schwarz und weiss). Die einzelnen Bildelemente (Pixel) werden zu Volumenelementen (Voxeln) gemacht, indem die Schnittbilder übereinander geschichtet werden.

Von diesen Grundlagen abgesehen, benötigt der Computergrafiker eine Gestaltungsidee für ein konkretes 3D-Bild. Erst jetzt wird der Foetus interessant, sozusagen als übergeordnete Idee für den Entwurf eines Bildes. In diesem Entwurf muss er entscheiden, ob sein Objekt im Raum frei beweglich, sowie dreh- und skalierbar sein soll. Er muss – ähnlich wie beim natürlichen räumlichen Sehen – die ungefähre Größe, Form und Gestalt eines Gegenstandes kennen, die optischen Eigenschaften des Untergrundes, den Einfluss von Licht und Schatten und schließlich die perspektivische Verkürzung. Grundsätzlich ist Raumwahrnehmung Produkt eines Lernprozesses, und so galt auch für die

---

7   Vgl. das Interview mit Sakas in Annette Wannemacher: Wohlgeformte Grüße aus dem Mutterleib. In: Darmstädter Echo vom 30. März 1998.

8   Vgl. Olaf Dössel: Bildgebende Verfahren in der Medizin. Von der Technik zur medizinischen Anwendung, Berlin/Heidelberg 2000.

9   Zu den technischen Details vgl. G. Sakas et.al.: Freihandakquisition, Rekonstruktion und Visualisierung von 3D- und 4D-Ultraschall. In: Der Radiologe, 40 (2000) 3, S. 295 - 303.

10 Zum Evidenzstatus von Bildern vgl. David Gugerli: Soziotechnische Evidenzen. Der «pictorial turn» als Chance für die Geschichtswissenschaft. In: traverse. Zeitschrift für Geschichte, Zürich, 6 (1999) 3, S. 131 - 159.

Computergrafik, dass sie erst lernen musste, die räumlichen Ausmaße des Objektes *Foetus* nach intuitiven Vorstellungen zu gestalten.

Um diese Voraussetzungen für die Ultraschalltechnik zu erschließen, musste Sakas dem Ultraschall zunächst die Funktionalitäten von tomografischen Aufnahmeverfahren wie CT oder MRI verleihen.[9] Da der konventionelle Ultraschallkopf keine Schnittbilder erzeugte, wurde er mit einem Sender bestückt, der während der Untersuchung den Raum vermaß und scheibchenweise abspeicherte. Zugleich mussten die für die Signalauswertung nötigen Erkennungsalgorithmen darauf abgestimmt werden, dass Ultraschallsignale wesentlich verrauschter sind als CT- oder MRI-Signale. Vom Schallkopf entfernter liegende Signale werden durch dazwischen liegende Organe, Flüssigkeiten oder Extremitäten abgeschattet. Außerdem findet beim Ultraschall keine starre mechanische Abtastung, sondern eine „Freihandakquisition" statt, bei der sich die räumlichen Koordinaten ständig verändern.

Die Originaldaten müssen daher in einem mehrstufigen Prozess solange bearbeitet werden, bis die Konturen des erwünschten Objektes erscheinen. In der Sprache der Optik entspricht dies dem schrittweisen Übergang von einem durchsichtigen Abbildungsblock zu einer sukzessiven Vermehrung der Undurchsichtigkeit (Opazität). Bei dem umgekehrten Prozess wird ein opaker Raum wie in der Bildhauerei sukzessive freigelegt (durchsichtig gemacht), so dass die Oberflächenkonturen eines Gegenstandes erscheinen. Mit Hilfe komplexer Algorithmen wird segmentiert, selektiert, gefiltert, um schließlich nach dem Prinzip der fuzzy logic sinnvolle Grenzbereiche zu einem intuitiv verständlichen Bild zusammenzufügen.

Wie stark diese Operationen selbst erst Daten erzeugen und damit das erfinden, was sie nur wiederzugeben scheinen, zeigen die Reaktionen auf Sakas' Aufnahmen. Sakas hatte das auf diese Weise entstandene Bild zwischen Bilder montiert, die augenscheinlich nicht zusammengehören. Die mit der Zeit und mit verschiedenen Bildtechniken spielende Montage sollte den Betrachter überraschen. Im vergleichenden Sehen sollte eine wechselseitige Kohärenz entstehen, die besonders dem mit der neuen Software gewonnenen Bild einen Evidenzstatus verleiht.[10]

Adressiert war die Bildkomposition an die Ärzteschaft, die mit Hilfe von Sakas' Softwarepaket eine Aufrüstung ihrer Ultraschallapparaturen vornehmen sollten. So erschienen die Bilder seit 1993 in medizinischen Fachpublikationen, aber auch in der allgemeinen Presse. Welche Assoziationen sie bei den redaktionell Verantwortlichen erzeugten, ist durchaus abweichend von den Problemen, die den Entwickler bewegten. Titel wie: „Wohlgeformte Grüße aus dem Mutterleib" oder „Wie wird unser Kind wohl aussehen?"[11] deuten darauf hin, dass beim laienhaften Betrachter vor allem die intuitiv erkennbare Physiognomie wirkte. Weil von der gegebenen Form eines Gesichtes auf die Wesensart eines Menschen geschlossen wird, trat in der öffentlichen Wahrnehmung die computergenerierte Charaktererkenntnis in den Vordergrund.

Bald wurde klar, dass sich 3D-Ultraschallbilder in der Schwangerschaftsbetreuung nicht deshalb durchsetzen würden, weil sie nachweisbar genauer sind, sondern weil sie dem Laien ermöglichten, im Ultraschall mehr als nur „gestörte Fernsehbilder" zu erkennen.[12] Auch der Verkauf von Videos an Mütter, so bereits praktiziert vom St. George's Hospital in London, wurde damit attraktiver.[13] Wo keine Anschauung hinreicht, da bleibt ein Rest Faszination und die Bereitschaft, sich durch einen abstrakten Datenraum ein Bild erzeugen zu lassen, dessen Glaubwürdigkeit nach der Geburt durch persönliche In-Augenscheinnahme Bestätigung finden kann. Unmittelbar nach Bekanntwerden solcher Leseweisen begann unter Medizinern die Diskussion der beunruhigenden Frage, ob man „pretty pictures" oder „real medicine" produziere.[14]

Ästhetik virtueller Entwicklungsreihen

Die ästhetische Wirkung, die unverkennbar von computergenerierten Einblicken in den Uterus ausgeht, beruht maßgeblich auf der bildlichen Repräsentation von Entwicklung oder anders ausgedrückt, der Visualisierung der Dimension *Zeit*. Was die bewusste Montage verschiedener Entwicklungsstadien spielerisch erzielte, reiht sich in einem weiteren Sinne in einen Kontext ein, der schon lange ein starkes Motiv abgab, Schwangerschaften zu visualisieren. Bereits um 1800 wurden technische Darstellungs- und Herstellungsverfahren

---

11 Vgl. Fortschritte der Medizin, April 1997, S. 10.
12 Vgl. 3D-Ultraschall: Babys im Mutterleib, Webartikel vom WDR Köln, telecast Quarks & Co., 27. April 1999.
13 Vgl. BBC News vom 5. Oktober 1998:
    http://news.bbc.co.uk/hi/english/health/newsid_187000/187062.stm .
14 Gary Thieme et. al.: Obstetrics, 3-D Imaging solves Clinical Problems. In: Diagnostic Imaging: 3-D-Imaging Supplement, March 2000:
    http://www.dimag.com/db_area/archives/2000/00033dmanco.8-11.di-.html .

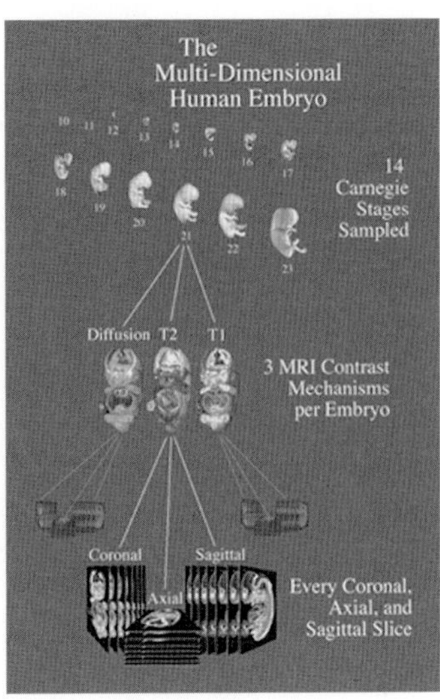

Abb. 2: Produktion virtueller Embryonen.

eingesetzt, um embryologische Entwicklungsreihen zu erzeugen, die eine zeitlich geordnete Folge von Veränderungen äußerer Merkmale und/oder innerer Strukturen veranschaulichen.[15] Wurden derartige Arbeiten zu damaliger Zeit nur von Embryologen ausgeführt, so lässt sich heute ein lebhafter Austausch an Techniken, zu visualisierenden Objekten und fertigen Bildprodukten zwischen verschiedensten Disziplinen beobachten. Der Entwicklungsbiologe, Gynäkologe, Perinatalmediziner und Neonatologe findet gleichermaßen Interesse an den neuen Bildtechniken.[16]

Zugleich lässt sich eine Flexibilisierung der Objekte feststellen. Wo der Embryologe des 19. Jahrhunderts Freihand-Zeichnungen von im Labor präparierten Frühaborten und Wachsmoulagen auf Basis eigener Zeichnungen anfertigte, da verwendet der moderne Bildproduzent „vaginale Proben" oder „lebende Foeten" und lässt vom Magnetresonanztomografen und Bildverarbeitungsprogramm 3D-Bilder erzeugen (Abb. 2). Selbst die Kommunikation zwischen den Epochen wird durch die Digitalisierung ermöglicht. Bradley R. Smith, Radiologe in Großbritannien, griff unmittelbar auf die Ressourcen seiner Vorgänger zurück: Die zwischen 1887 und 1917 von dem Embryologen Franklin Paine Mall zusammengetragene Carnegie Collection, die heute im National Museum of Health and Medicine in Washington beheimatet ist, diente ihm dazu, im Auftrag des National Institute of Child Health and Human Development eine Online-Datenbank von virtuellen Embryonen zu erzeugen. An Stelle von zweidimensionalen Bilderwelten medizinischer Atlanten entstanden am Bildschirm simulierte Zeitreisen durch die frühesten Phasen menschlicher Entwicklung: „These three-dimensional images allow me to take

15 Standardisierte Reihen embryologischer Darstellungen oder Reliefnachbildungen in Wachs, so Nick Hopwood, dienten nicht nur Anatomen und Physiologen als Arbeitsobjekte, sie wurden ebenso als *Ahnen* in den Auseinandersetzungen um die Keimes- und Stammesgeschichte des Menschen eingesetzt oder in Volksgesundheitskampagnen als Produkte eines gesunden Frauenkörpers popularisiert. Vgl. Nick Hopwood: Producing Development. The Anatomy of Human Embryos and the Norms of Wilhelm His. In: Bulletin of the History of Medicine 74.1 (Spring 2000).

16 Längst finden multidisziplinäre Kongresse zum Austausch von Bildern und Erfahrungen im Umgang mit dem „Computer-Assisted Imaging of Embryonic and Fetal Development" statt. Vgl.: http://www.muritech.com/visembryo/nichd/program.html .

computer-simulated voyages through all the systems of the human body at its early stages."[17]

Durch die Magnetresonanztomografie zum „Visible Embryo" verwandelt, können um die Jahrhundertwende präparierte Embryonen ebenso wie durch Autopsie schwangerer Frauen gewonnene *frische* Embryonen nach ihrem physischen Verschwinden in beliebiger Form, an beliebigen Orten und zu beliebigen Zeiten reproduziert werden – für Einführungsvorlesungen und medizinische Kurse, auf CD-Rom wie im World-Wide-Web.

Zudem erlaubt die virtuelle Repräsentation von Entwicklung vieles, was dem Entwicklungsbiologen, Geburtshelfer, Kinderarzt und Psychologen im Studium menschlicher Entwicklung bislang versagt blieb – vor allem angesichts dessen, dass die in verschiedenen Kontexten entstandenen Computerbilder fusioniert werden können. Entwicklungsstudien werden aus unterschiedlichsten Gründen, mit sehr verschiedenen Zielsetzungen und über alle prae- und postnatalen Entwicklungsstadien hinweg durchgeführt.[18] Untersuchte Gebiete reichen von der Ontogenese des Psychischen über die motorische und sprachlich-kognitive Entwicklung bis hin zu neurophysiologischen Fragestellungen. Vor allem das „Brain Mapping" hat durch bildgebende Verfahren wie die Positronenemissionstomografie (PET), die fMRI oder das EEG zunehmende Attraktivität für verschiedenste Fragestellungen gefunden.

Immer geht es dabei um das Kriterium der ‚Normalität' als entscheidender Orientierungshilfe. Denn anders als beim erwachsenen Menschen sind beim Kind Normalitätsgrenzen nicht durch die Abgrenzung des Normalen vom Anormalen beschrieben. In der Kindermedizin wird die Überschreitung einer Normalitätsgrenze oft mit einem „Zu früh" oder „Zu spät" in der Entwicklung gleichgesetzt. Der individuelle Entwicklungsstand muss gegenüber einem Durchschnitt innerhalb einer Zeiteinheit beurteilt werden, was bedeutet, dass man sowohl die Etappen ‚normaler' Entwicklung präzise abgrenzen, als auch durch eine repräsentative Anzahl von Fällen stützen muss. Entwicklungsstudien bewältigen daher in der Regel beträchtliche Datenmengen. Obwohl die Be-

17 Bradley R. Smith: Visualizing Human Embryos. A Technique called Magnetic Resonance Microscopy is revealing the Secrets of early Human Development. In: Scientific American, 280 (1999), S. 76.

18 Seit ihrer Entstehung in den 1920er Jahren hat die „Child Development-Forschung" gewaltige Datenmengen erzeugt. Einen Überblick über die verschiedenen Ressourcen, Datenbanken und Publikationen bietet: http://www.lib.vt.edu/subjects/huma/ .

stimmung des statistischen Durchschnitts und das Urteil über Normalität oder Abweichung keineswegs gleichzusetzen sind, außerdem das physisch Normale und das statistisch Normale nicht so ohne weiteres zur Deckung gebracht werden können,[19] erklärt sich hieraus zumindest teilweise die Bevorzugung visueller Methoden, da diese den Aufwand, Abweichungen in der Entwicklung zu bestimmen, beträchtlich erleichtern.

Medizinische Wirkung virtueller Entwicklung
Das wird auch in der Geburtshilfe und pädiatrischen Praxis deutlich. Denn wegen der dynamischen Veränderung des Wirkungsgefüges verschiedener Organsysteme durch den Entwicklungsprozess, werden alle medizinischen Subdisziplinen der Kindmedizin gezwungen, immer streng zwischen den Phänomenen der morphologischen und funktionellen Umstrukturierung durch die „normale" Entwicklung einerseits und der Schädigung und deren entwicklungsbedingter Kompensation andererseits zu unterscheiden. Normmaße, Normtafeln oder Entwicklungs-Scores bestehen in diesem Feld grundsätzlich aus Zeitreihen. Bilder einer regelmäßigen Entwicklung stellen gewissermaßen das „Apriori des Normalismus" dar.[20] Dies umso mehr, als die zeitliche Ordnung der visualisierten Entwicklungen mit der zeitlichen Ordnung einer tatsächlichen Schwangerschaft immer häufiger nicht mehr übereinstimmen. Althergebrachte Definitionen des Prae-/Neo-/Postnatal greifen vor allem in der Foetalmedizin[21] und Neonatologie kaum noch. Wo Inkubatoren und maschinelle Atemhilfen, neue Medikamente und wachsendes Wissen der Mediziner das Überleben bereits ab der 23. Schwangerschaftswoche möglich machen, wird die Geburt zu einem variablen Punkt auf einer Zeitachse. Der Arzt beginnt die Entwicklung als Distanz vom Nullpunkt der Zeugung ab zu berechnen und muss sich dabei auf bildliche Evidenzen vorgeburtlicher Entwicklung stützen. Dass im therapeutischen Handling der ‚nicht-normalen' Lebenszustände morphologische und funktionale Computerbilder heran-

19 Wie schon Georges Canguilhem ausführlich diskutierte. Vgl. Georges Canguilhem: On the Normal and the Pathological, Dordrecht, Boston 1966 (1987), S. 185.

20 Jürgen Link: Versuch über den Normalismus. Wie Normalität produziert wird, Opladen 1997.

21 Jener Bereich der Medizin, der Operationen an der Schwangeren vornimmt. Vgl. Monica J. Casper: The Making of the Unborn Patient. A Social Anatomy of Fetal Surgery, New Brunswick, NJ. 1998.

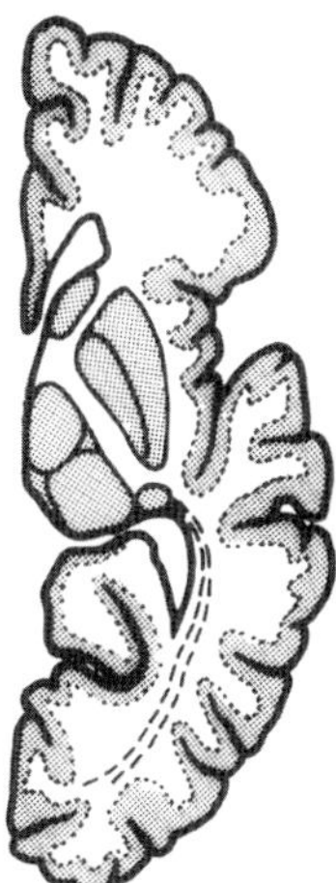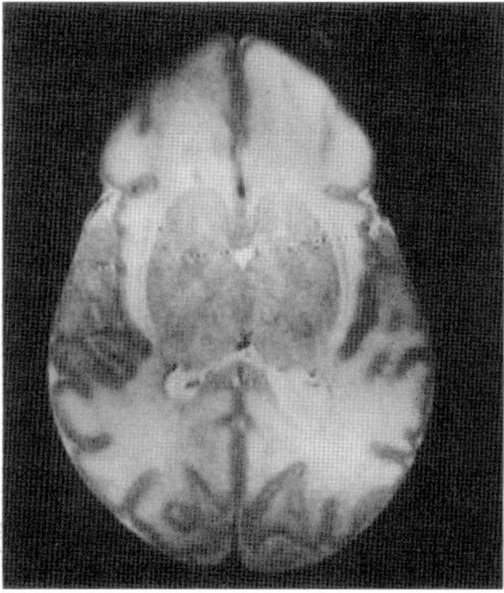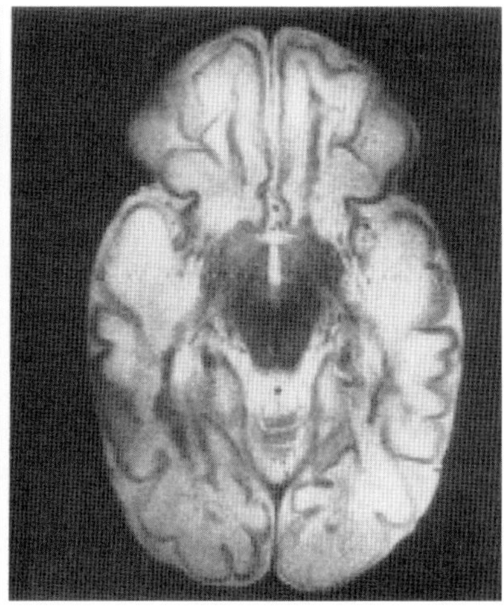

Abb. 3: Hirnreifung eines Neugeborenen im Alter von 7 Wochen. Das Kind wurde in der 27. Schwangerschaftswoche geboren, befand sich zum Zeitpunkt der Aufnahme also in der 34. Woche post conceptionem.

gezogen werden, hat seinen Grund zudem darin, dass zahlreiche Entscheidungskonflikte, mit denen die Frühgeborenenmedizin alltäglich zu kämpfen hat, als Folge sogenannter „Unreife" auftreten. Der Neonatologe wird tagtäglich daran erinnert, dass der Mensch eigentlich erst zum Zeitpunkt der Geburt „reif" für ein autonomes Leben ist. Um ungeachtet dessen ein Überleben zu gewährleisten, benötigt man Orientierungshilfen, die von der Foetalentwicklung bis in das Kleinkindalter und darüber hinaus reichen.

Tatsächlich ist zu beobachten, dass in der Foetal- und Neugeborenenmedizin neurobiologische Forschungsergebnisse an Relevanz gewinnen, bei denen die Geburt keine Orientierungsmarke mehr darstellt. Seitdem mit dem MRI eine nicht-invasive Visualisierungstechnik zur Verfügung steht, die sowohl an der Schwangeren wie am Neugeborenen eingesetzt werden kann, wird immer häufiger die Hirnreifung als ein materielles Substrat normaler Entwicklung abgebildet (Abb. 3). Weil sich im MR-Bild die markhaltige graue und weisse Substanz des Gehirnes sehr gut unterscheiden lässt, folgt Entwicklung hier der Idee des sich myelinisierenden Gehirnes, womit ein gewisser Reifegrad oder eine Stabilisierung des Neuralgefüges bezeichnet wird. Zeittafeln ‚normaler‘ Hirnreifung setzen mit den Bildern ein, die erste Aussagen über die Maturation der Hirnsubstanz erlauben. Das ist etwa um die 20. Woche post conceptionem der Fall. Ihren Endpunkt haben sie aber nicht mit dem Geburtszeitpunkt erreicht, sondern erst sehr viel später im Kleinkindalter. Das ist dann z.B. die 260. Woche post conceptionem.[22]

Was die Sterblichkeitsstatistik heute noch als „kongenitale Anomalien" bezeichnet, als angeborene, ererbte bzw. bei der Geburt bereits manifeste Schäden, wird damit verschwinden. Aus Sicht des Radiologen oder MR-Spezialisten sind die Übergänge fließend: „Die Organe des unreifen Frühgeborenen und auch des reifen Neugeborenen befinden sich in rasch progredienter Entwicklung. Die Geburt ist nur ein sehr variabler Zeitpunkt dieses Entwicklungsprozesses. Mit unseren Untersuchungsmethoden angefertigte Bilder des Frühgeborenen sind vergleichbar mit Momentaufnahmen eines erstaunlich schnell ablaufenden und sehr spannenden Films. Die Entwicklung wird durch die Geburt nicht unterbrochen, sondern schreitet extrauterin weiter voran."[23]

Fazit

Die technische Fabrikation einer abstrakten Vorstellung von *Entwicklung* hat ihre Eigendynamik entwickelt. In den dreidimensionalen Schichtbildern foetalen Lebens ist etwas Neues entstanden, eine technogene Entwicklung, die zwar mit der Bewegung der erlebten Schwangerschaft und Geburt korrespondiert, aber nicht identisch ist. Die seit Beginn diesen Jahrhunderts intensivierte und immer wieder neu gestaltete, bildhafte Vermischung vor- und nachgeburtlicher Zustände zieht deshalb eine Neubewertung der frühesten menschlichen Entwicklungsstadien geradezu zwangsläufig nach sich.

Zum einen lässt der bildgestützte, manipulative Umgang mit der Zeit Entwicklung zu einem normativen Stufenprozess erstarren. Bilder setzen Standards, denen zufolge die früheste menschliche Entwicklung als eine zeitlich geordnete Folge von Veränderungen äußerer Merkmale wie innerer Strukturen betrachtet werden kann. In diesem Blickregime ist die Geburt kaum mehr als ein Messwert in einem Prozess, ein Zeitpunkt, der für die Bewertung der Entwicklungsstufen nur noch bedingt eine Rolle spielt.

Während als Messwerte und Daten verwendete Bilder ein statisches Modell von Zeit, von Lebenszeit, definieren, können postmoderne Visualisierungstechniken andererseits aber auch völlig neue Perspektiven erzeugen. Wie Georgios Sakas vorgemacht hat, kann die statisch gesetzte Entwicklung unter Zuhilfenahme verschiedenster Bildprodukte in „Bewegung" versetzt werden. Kindliche Entwicklungsschübe – bislang nur postnatal verfolgt und im Fotoalbum festgehalten – werden mit Hilfe des 3D-Ultraschalls auch vor der Geburt

---

22 So beispielsweise in der Studie von Ernst Martin: Magnetic Resonance Imaging and Spectroscopy to investigate the Developing Human Brain, Habilschrift, Med. Fak. Univ. Zürich 1990, S. 45.

23 Ernst Richter, Werner Lierse: Radiologische Anatomie des Neugeborenen für Röntgen, Sonographie, CT, MRI, München, Wien, Baltimore 1990, Vorwort.

studierbar. Dem Einfallsreichtum sind keine Grenzen gesetzt, und so lassen sich im World-Wide-Web viele Websites finden, die zukünftigen und werdenden Eltern Bilderreisen durch die verschiedenen Entwicklungsstadien der frühesten Entwicklung präsentieren.[24]

Mit der Datenflut tomografisch erzeugter Bilder werden diese simulierten Zeitreisen voraussichtlich immer elaborierter werden. Ähnlich wie bei der virtuellen Endoskopie,[25] die die Bilddatensätze von Computer- und Magnetresonanztomografen rechnerisch so verarbeitet, dass im Real-Time-Effekt „Flythroughs" durch den menschlichen Körper entstehen, können zukünftig auch virtuelle Schwangerschaften erwartet werden, die nahtlos in das postnatale Leben hinüber reichen. Früher war die Geburt der Beginn menschlichen Lebens, in den postmodernen Bildgeschichten ist sie jedoch längst zu einer variablen Größe im Wachstums-, Reifungs- und Entwicklungsprozess geworden.

24 Vom multidimensionalen Embryo über Schwangerschafts-Wochenspiegel bis hin zu virtuellen Zeitreisen durch die Schwangerschaft sind die verschiedensten Angebote zu finden. Ein besonders anspruchsvolles Beispiel findet sich hier:
http://www.parentsplace.com/first9months/main.html .

25 Vgl. David Gugerli: Der fliegende Chirurg. Kontexte, Problemlagen und Vorbilder der virtuellen Endoskopie. In: David Gugerli et. al. (s. Anm. 5), S. 251 - 271.

Lisa Parks

Satellite and Cyber Visualities:
Analyzing The Digital Earth Project

It's important to remember in this Information Age dominated by discussions of "cyber this and cyber that" that the world's first satellites were being developed in Defense Department labs around the same time computer networks were. Both satellites and computer networks became quintessential strategic technologies, emerging at the peak of the Cold War. As computer historian Paul Edwards writes, "Of all the technologies built to fight the Cold War, digital computers have become its most ubiquitous, and perhaps its most important, legacy."[1] Edwards suggests that computers helped to create and sustain a "closed-world discourse" by "allowing the practical construction of central real-time military control systems on a gigantic scale" and by "facilitating the metaphorical understanding of world politics as a sort of system subject to technological management."[2] If computers closed the world in, as Edwards suggests, satellites opened it up, connecting people across vast spaces, exposing the earth as it had never been seen before, and revealing its "origins" in deep space.[3] While Defense Department engineers tinkered with computers in closed-off labs, NASA very publicly displayed the first satellites (Explorer, Echo, Telstar), showcasing their fiery launches, encouraging amateur satellite-gazing, and promising the world would become a smaller and more intimate place.[4] Satellites only supported such fantasies of global unity during the Cold War, however, because they also offered the possibility of planetary omniscience.[5]

More recently, NASA's has done away with space-age spectacles and has tried to reinvent itself in the digital age. As Jodi Dean explains, "Positive associations

1 Paul Edwards: The Closed World. Computers and the Politics of Discourse in Cold War America, Cambridge: MIT Press, 1996, p. ix.
2 Paul Edwards (see note 1), p. 7.
3 As satellites were launched into during the 1960s, scientists and military strategists were busy designing and building what was then known as Arpanet or the Advanced Research Project Network. Janet Abbate's account of the origins of the Internet suggests that the project was designed to "favor military values, such as survivability, flexibility, and high performance over commercial goals, such as low cost, simplicity, or consumer appeal." Janet Abbate: Inventing the Internet, Cambridge: MIT Press, 1999, p. 3. Satellites were designed with the same kinds of imperatives.
4 See Lisa Parks: Technology in the Twilight. A Cultural History of the First Earth Satellite. In: Technology and Humanities Review, fall 1997.
5 Although satellites and computer networks have distinct institutional, technical and socio-cultural histories, it is important to consider their parallel development. The Internet is now used to track the location of satellites in orbit and it has become the most widely used means of accessing satellite images of the earth and outer space. Satellites are now used to link different parts of the world wide web, and satellites will be a key means of datastreaming with the

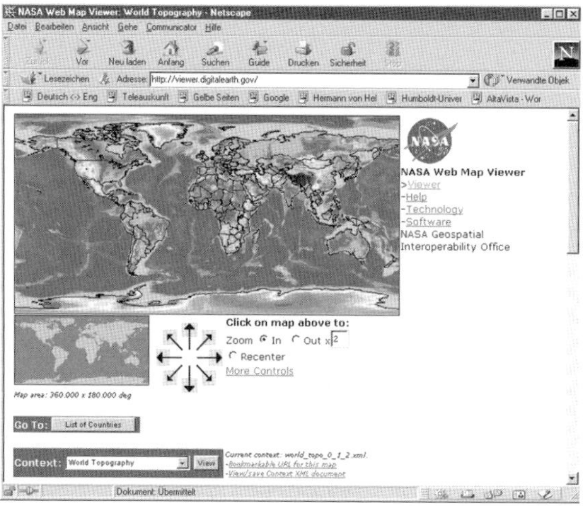

Fig. 1: Screen capture of Nasa Web Map Viewer on the Digital Earth website.

with the space program [that were] prevalent in the sixties have been transferred to computers and networked communication technologies… With the Internet, we bring everything to us, without having to go anywhere."[6] If there is one project that encapsulates the convergence of satellite and computer technologies as well as NASA's attempt to make itself relevant to the information economy it is the Digital Earth Project. First introduced by former US Vice President Al Gore in 1998, the Digital Earth is envisioned as a virtual environment that encompasses the entire planet and enables a user to explore vast amounts of information gathered about the earth.[7] It includes a user interface (Fig. 1), an enormous networked database of geospatial information (satellite images, photographs, computer models, digital animation, etc.) and software for integrating and displaying information from multiple sources. Gore has compared the Digital Earth to the World Wide Web suggesting it would be a "grassroots effort" and he insisted the Digital Earth would stimulate the next burst of expansion on the web.[8] The project has continued under the Bush administration, and is led by an inter-agency working group at NASA's Goddard Space Flight Center (Fig. 2; Plate 1).[9] It involves state agencies and officials, private corporations, cartographers, geologists, photo interpreters, astronomers, computer experts, and a handful of television producers, museum curators and educators.

full-scale development of broadband and wireless technologies in the next 5-10 years. Further, a host of Internet startups have emerged to capitalize on the commercialization of the Internet and satellite technologies including Earthwatch and Orbimage. For further discussion of this relationship see Gary Dorsey: Silicon Sky. How One Small Start Up Went Over the Top to Beat the Big Boys into Satellite Heaven, Reading, Mass: Perseus Books, 1999, in which he explains the formation of Orbital – a satellite company designed for the computer age.

6   Jodi Dean: Aliens in America. Conspiracy Cultures from Outerspace to Cyberspace, Ithaca: Cornell University Press, 1998, p. 68.

7   The Digital Earth: http://www.digitalearth.gov/, accessed on June 5, 2000.

8   Al Gore: The Digital Earth. Understanding Our Planet in the 21st Century. Speech at California Science Center, Jan. 31, 1998, available at: http://digitalearth.gsfc.nasa.gov/VP19980131.html/ , accessed on June 13, 2000.

Although this public-private consortium has so-
licited the participation of other nation-states,
Gore has used the Digital Earth first and fore-
most as a platform to support various Clinton
administration initiatives ranging from the commercialization (and declassification) of satellite
imaging and GPS to the continuing expansion
and privatization of his other pet project, the
"Information Superhighway." In this chapter, I
examine the Digital Earth website, publicity and
prototypes to discuss some of the ideological
underpinnings of its early incarnations. [...]

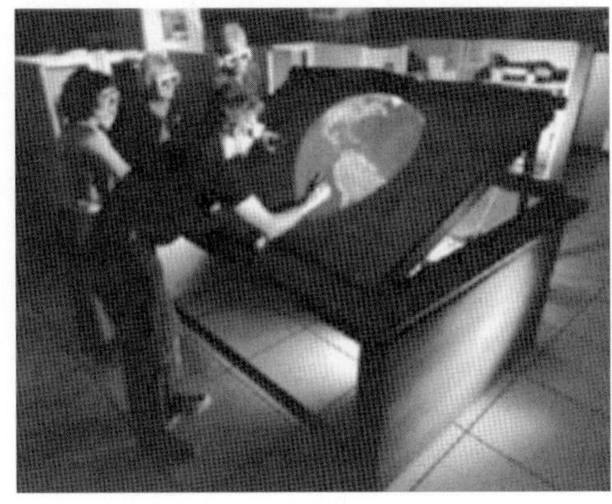

Fig. 2: NASA Goddard's Digital Earth
Workbench.

I argue that the project should be re-fashioned as
an interdisciplinary "contact zone" that will not only extend public access to
satellite and computer technologies, but help to erode the science/culture di-
vide. During the 1960s the "pale blue dot" photos of the Earth snapped by
Apollo astronauts were thought of as rare treasures that dramatized the fragili-
ty and uniqueness of the planet. Since then thousands of earth observation satellites have been deployed in space, their automated gaze constantly photograph-
ing and scanning the earth as they pass overhead. In part, it is the plethora of
satellite data accumulated over the past 30 years that motivated Gore's propos-
al for the Digital Earth. As he explains, "we have more (satellite) information
than we know what do with." Landsat, for instance, is capable of taking photos
of the complete earth every two weeks and has been doing this for 20 years.[10]
The Digital Earth puts to use decades of satellite images funded by taxpayer
dollars ranging from the public Landsat images to recently declassified spy images of the Corona Project (Fig. 3).[11]

9   Bryant Jordan: Digital Earth Lives On. FCW.com, Mar. 12, 2001, available at:
    http://fcw.com/fcw/articles/2001/0312/pol-diearth-03-12-01.asp , accessed on July 17,
    2001.
10 Al Gore: The Digital Earth. Understanding Our Planet in the 21st Century. See note 8.
11 The Corona Project was a top secret US spy satellite project that began in 1958 and contin-
    ued through 1972. Many Corona satellite photos were declassified in 1995 by the Clinton
    Adminstration. For further discussion of the Corona Project see: Curtis L. Peebles: The
    Corona Project. America's First Spy Satellites, US Naval Institute, 1997; Dwayne Day, John
    Logsdon, Brian Latell (eds.): Eye in the Sky. The Story of the Corona Spy Satellites,
    Washington DC: Smithsonian Institution Press, 1999; J. G. Cloud and K. C. Clarke: Through

In addition to satellite imagery, the Digital Earth will include various forms of visual, oral, and written culture, immersing the user quite literally within an information landscape. Describing a hypothetical user, Gore explains, "After donning a head-mounted display, she sees Earth as it appears from space. Using a data glove, she zooms in, using higher and higher levels of resolution, to see continents, then regions, countries, cities, and finally individual houses, trees and other natural and man-made objects. Having found an area of the planet she is interested in exploring, she takes the equivalent of a 'magic carpet ride' through a 3-D visualization of the terrain… She is not limited to moving through space, but can also travel through time. After taking a virtual field trip to Paris to visit the Louvre, she moves backward in time to learn about French history, perusing digitized maps overlaid on the surface of the Digital Earth, newsreel footage, oral history, newspapers and other primary sources. The time-line, which stretches off in the distance, can be set for days, years, centuries or even geological epochs… ."[12]

While Gore's portrait of the user/navigator is somewhat provocative in that it places a girl at a web interface imagined a site of education (rather than commerce), his description forecasts the kind of world this project is likely to construct – one of Eurocentrism, cultural elitism, and sanitized history. The girl navigator is invoked simultaneously in a liberal feminist gesture of "equal access" to the project interface, and as sign of paternalist protectionism with respect to what she is allowed to see and where she is allowed to go. What is not anticipated is that the girl spectator/navigator might stumble in the Digital Earth

a Shutter Darkly. The Tangled Relationships Between Civilian, Military and Intelligence Remote Sensing in the Early American Space Program. In: Secrecy and Knowledge Production, Judith Reppy ed., Ithaca, New York: Cornell University Press, 1999. Also see, geographer Keith Clark's Project Corona website:
http://www.geog.ucsb.edu/~kclarke/Corona/Corona.html . The history of the Corona Project has also been the subject of documentaries aired on the Discovery Channel including Eye in the Sky, 1997.

12   Al Gore: The Digital Earth. Understanding Our Planet in the 21st Century. See note 8.

13   In such ads, Nakamura continues, "Travel and tourism like networking technology, are commodities that define the privileged, industrialized first-world subject, and they situate him in the position of the one who looks, the one who has access, the one who communicates." Lisa Nakamura: 'Where Do You Want to Go Today?' Cybernetic Tourism, the Internet and Transnationality. In: Race in Cyberspace, eds. Beth E. Kolko, Lisa Nakamura and Gilbert B. Rodman, New York: Routledge, 2000, p. 17.

14   Lisa Nakamura (see note 13), pp. 21 - 22.

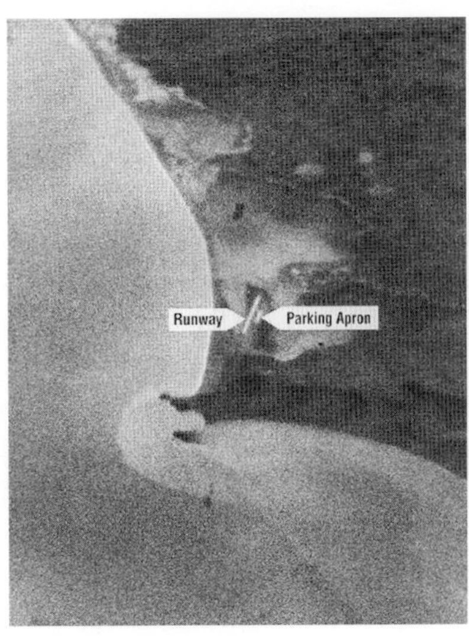

Fig. 3: Early Corona Image of a Soviet air base, taken August 1960.

upon historical trauma – such as the conflicts of the French Revolution or the stolen artifacts of colonized territories kept as treasures in the Louvre, or that she might take a "magic carpet ride" through wartorn regions like the Balkans or Central Africa. Gore imagines a neat and clean, antiseptic planet displayed through high-tech, high-speed interfaces where signs of struggle are submerged or kept out of view. This publicity for the Digital Earth resonates with glossy advertisements for computer technologies and networks that address consumers as world tourists. Ads from companies such as MCI, Microsoft, AT&T, Compaq and IBM promulgate naïve fantasies of a "global village", promoting visions of cyberspace that magically elide racial and ethnic differences as well as history. Lisa Nakamura suggests that Microsoft's "Where Do You Want to Go Today?" ad campaign "promises the consumer a 'world without limits' where he can possess an idealized mobility". She continues, "Ethnicity in the world of Internet advertising is visually 'cleansed' of divisive, problematic and tragic connotations."[13] Since these ads are often read alongside news coverage of war and bloodshed in the former Yugoslavia, Central Africa, or Iraq, they function "as corrective texts for readers… [for they] put the world right; their claims for better living (and better boundaries) through technology are graphically acted out in idealized images of Others who miraculously speak like 'us' but still look like 'them'."[14] [...]

To provide a more concrete sense of how the Digital Earth is currently taking shape, I want to briefly discuss two prototype interfaces, one sponsored by NASA and one by SRI International, which have been made available on the project website. [...] One of the prototype sequences of the Digital Earth Work Bench, developed at NASA's Goddard Space Center to allow users to retrieve, view and compare earth-related information, features a digital zoom from an orbital position to the Washington Monument. The software automatically loads satellite, aerial and other images as we zoom in and the user encounters an Ikonos image of Washington DC and a 3D model of the Washington Monument. The use of this particular sequence as a Digital Earth prototype speaks to the nationalistic underpinnings of this project as it posits a time/space continuum

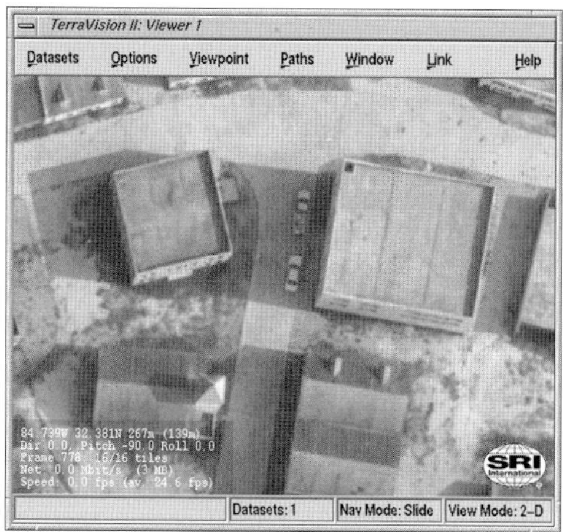

Fig. 4: High Resolution Data. This screenshot shows TerraVisionTM browsing a dataset with 15 cm resolution aerial imagery. At this resolution, cars are clearly distinguishable as well as windows in the buildings.

between an indistinct and transitory orbital space and the material and official space of US government, architecture and history. Although the Digital Earth user could hypothetically "go anywhere in the world", this prototype land-locks the user in the nation's capitol and focuses his/her gaze upon a familiar monument. [...]

The second prototype is an interface developed by SRI International called Terravision II (Fig. 4; Plate 2 and 3). SRI is a non-profit research firm that became a partner in the Digital Earth Project after holding contracts with the Department of Defense for decades. [...] Its non-profit status is misleading since it has generated innumerable patents, more than 20 profitable spinoff companies in recent years (so many that its nickname has become "spinoff city") and in 2000 SRI alone generated $164 million excluding its subsidiaries.[15] [...] The Terravision interface claims to "allow users to navigate, in real time, through a 3-D graphical representation of a real landscape created from elevation data and aerial images of that landscape." One online demonstration called "From space to Menlo Park" features a continuous digital zoom from orbit to a position hovering over the SRI's research facilities. In a *Technology Review* discussion of the interface, the author queries, "Ever wonder what it's like to be a bird?" and then describes the Terravision II visualization system which allows users to "fly over the surface of the earth" through the computer screen.[16]

15 SRI FAQs, available at: http://www.sri.com/strength/facts.html , accessed on June 21, 2001.

16 Deborah Kreuze: Think Globally, Act Digitally. In: Technology Review, March/April 1999, Available at: http://www.techreview.com/articles/ma99/benchmark1.htm , accessed June 13, 2000.

17 I use the term deterritorialization is in this context to invoke the meaning developed by Deleuze and Guattari. Deterritorialization involves detachment from place as a way of dislocating (if temporarily) state and corporate power. For further discussion of the multiple meanings of the term deterritorialization see, Gearóid Ó Tuathail: Borderless Worlds? Problematizing Discourses of Deterritorialization. In GEOPOLITICS, 4 (2), 2000, also available at: http://www.majbill.vt.edu/geog/faculty/toal/papers/Borderless.htm , accessed on June 20, 2001.

Both the Work Bench and Terravision II interfaces foreground the user's shifting spatial position, seamlessly moving her from a global to a local perspective. But in these demonstrations the local is conflated with the national (in the Washington Monument) and the corporate (SRI headquarters), and the Digital Earth with its generic VRML displays of the earth's surface threatens to erase completely the specificities and subtleties of located or inhabited space (unless, of course, the user reads it into the image). What is being articulated here, then, is a kind of neo-imperialism in which the distinctions between outer, global and cyberspaces are collapsed in a way that encourages the user to imagine herself as occupying all of these spaces at once (much like the US government or a high tech firm). These Digital Earth prototypes interpellate the user as if he/she were "returning home" after an individualized tour around the world, coming back to recognize and become one with the national and corporate entities that made such a journey possible in the first place. Such discourses of re-centralization are often encoded in the visual realm when the media infrastructure is itself de-centralized (and thus threatens to become de-territorialized or beyond state and corporate control).[17]

The prototypes not only reinforce linear conceptions of time-space and movement (which is ironic given that digital technologies offer the possibility to do otherwise), but also greatly reduce each of these spatial domains. For each of these spaces – global, outer, cyber, national and corporate – is defined by on-going social, economic, political and cultural struggle. The Digital Earth conceals these struggles, however, and instead naturalizes these spaces as the rightful property of the spectator/navigator. This discourse of ownership and control through vision and movement is further underscored by the Work Bench interface which invites the user to pick up the planet, play with it, and spin it around in her own palm as if it were her own bouncing ball. [...]

Still, what is interesting about the Digital Earth is that it re-articulates cyber and satellite visualities as the domain of citizens' hands rather than that of military officials' and scientific experts' eyes. In other words, these interfaces transform satellite images into tactile fields of public cultural engagement. This in itself is significant since for decades they have been under the exclusive purview of the state, scientists and corporations. Thus while the user interface design of the prototypes may privilege national and corporate imperatives and work to legitimate them, the Digital Earth is one of the only federally sponsored websites that structures public access to satellite images as a cultural experience. These prototypes are particularly unusual as sites of public culture because they combine satellite vision and interactivity, and this combination of practices has historically been beyond public reach. The problem, of course, is that satellite vision in these sequences is rendered so seamlessly with other perspectives that it can hardly be recognized as such. The orbital gaze is obscure as it becomes part of a more generalized cyber-visuality in which multiple views from different apparatuses are undetectably combined in a sequence of fluid motion. Both of these prototypes mix various media formats and visualizing practices including satellite imaging, aerial photography, digital animation, mapping, and 3D modeling within the same viewing experience yet because of digitization the differences between them are invisible. In this sense, the Digital Earth is an appropriate site to consider what Nicholas Mirzoeff refers to as "intervisuality" – that is, the practice of thinking and analyzing across and between media rather than focusing upon the unique properties of each medium. Moreover, the visual hybridity of the Digital Earth suggests the need for new theories of spectatorship which take account of the growing overlap of vision and navigation. Increasingly, we see not just to take in the view, but also to locate or orient ourselves whether with browsers in digital environments or GPS receivers in physical terrains. Certainly this relationship between vision and mobility will be further compounded with the emergence of new wireless screens, which enable multimedia viewing in transit. [...]

In the Digital Earth's transitions from orbit to the ground, views and places morph into one another. The details and specificities of positioning and production are sacrificed for smooth vision. As Vivian Sobchack suggests, however, the morph "makes formally visible the very formlessness at its center" and in doing so "also makes visible our national and political sense that although there is power, there is no center, that centers no longer have substance (at least as we once believed)."[18] This smooth vision from orbit to the Washington Monument or SRI headquarters can be read as symptomatic of the de-territorialization of power in the context of globalization and digitization. To reassert their power (or to centralize themselves) within this context, the state and the corporation must reinvent themselves in digital forms and from global views. In the Digital Earth, they simulate themselves as their most symbolic material form (the national monument and the research headquarters) and use satellite vision to convey their global presence, as if the monument and the lab were popping out of the planet to greet the orbital gaze. [...]

The very capacity to imagine a Digital Earth is symptomatic of the immense visual capital of the US. It has enormous reserves of satellite image data collected for decades over the skies of sovereign nations usually without their permission or consent. It has national and corporate archives of photography, motion pictures, television, maps and other visual materials. Its has commercial television and telecommunications networks that stretch around the planet. In this sense, we might pose the question, can we be sure that the Digital Earth will in the long run differ from an unlikely bedfellow like Planet Hollywood? Is the Digital Earth the Hollywood-ization of scientific visualization? [...]

In this last section I want to briefly address the issue of interdisciplinarity. And I want to do so by calling for the emancipation of the Digital Earth from the tight grip of the state, the corporation and the science lab. [...] In her critique of earth observation, Karen Litfin warns, "The earth system science view of global change highlights atmospheric physics, geophysics, and chemistry, thus rendering human beings virtually invisible [...] human agency vanishes and global change is reduced to physical processes [...]"[19] I want to suggest that precisely because humans only appear in satellite images abstracted as heat/light frequencies or as tiny dots in vast landscapes, it is imperative that we cultural/media studies scholars critically examine their use. What does it mean for earth scientists to be producing knowledges about the global environment and managing the planet without seeing people as anything more than myriad shades of red in an infrared satellite image?[20] We need to retrain our eyes to see the human in these abstractions and to use such images to bear witness to world events such as those in the former Yugoslavia and Central Africa, particularly since Western states have looked the other way. If the Digital Earth is to become a useful global database, it should register a range of events seen via satellite, not just pretty green forests and indigo oceans. [...]

18   Vivian Sobchack, cited in Edward Branigan: Narrative Futures.

19   Karen Litfin: The Gendered Eye in the Sky: A Feminist Perspective on Earth Observation Satellites. In: Frontiers v. 18, no 2 (May-August, 1997).

20   This is of course changing, however, because of higher image resolution. Now but also because of different uses of satellite images ranging from refugee relief efforts to "crime mapping."

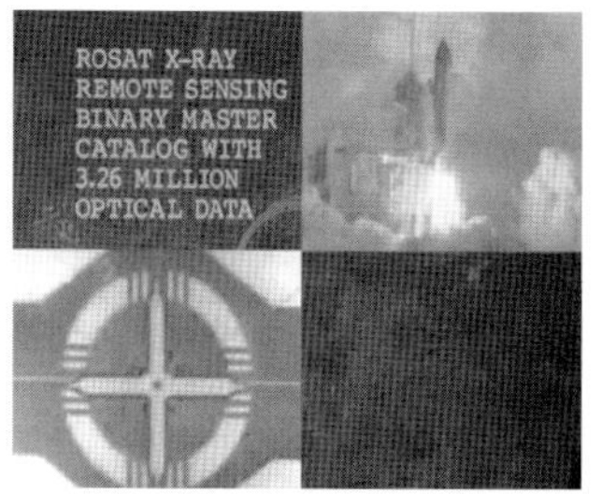

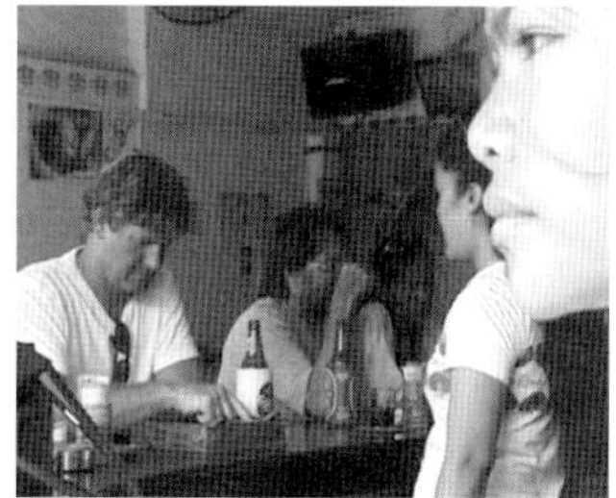
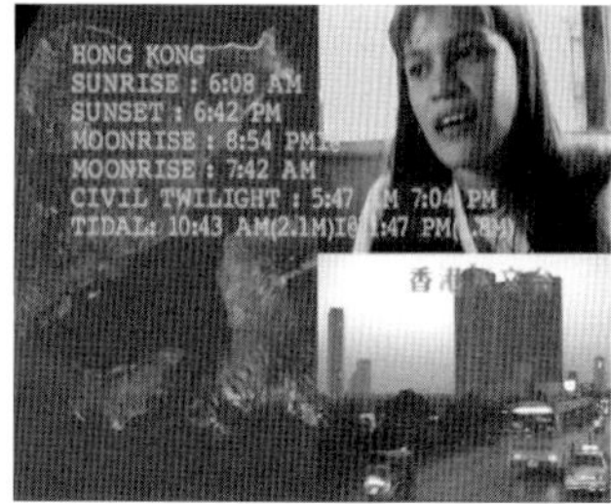

Fig. 5-7: Ursula Biemann, video stills from "Remote Sensing", 2001, video essay, 54 min.

The Digital Earth project represents the possibility of expanding public access to satellite information that has long been restricted. The viability of such a project, however, will depend on whether new forms of visual literacy are also made available. Will the Digital Earth interface actually encourage and require users to understand how to read and interpret satellite images? Or will it pigeonhole the user into US national monuments and corporate science labs?

The project's viability will also be contingent upon its inclusion of nations and peoples from around the world and its involvement of those in the arts and humanities. In any project that makes claims to represent the world, it is important to consider how many developing countries have been invited to contribute to and help design the Digital Earth. [...]

Perhaps the Digital Earth should not only include "objective" maps and satellite images, but with growing consumer uses of digital photography, video and GPS, it could include digital diaries, home pages and what I have called "personal plots" as well.[21] GPS and video can be used to display the politics of positionality, as a means of storytelling, and to map embodied experience. In this digital age when the past, present and future or global, national and local can be seamlessly collapsed into a digital morph, personalized media, mapping and description become important means of contesting official representations of space which often suppress the historical and the social. Furthermore, why should the Digital Earth project not include works such as Swiss artist Ursula Biemann's digital video "Remote Sensing" (Fig. 5-7), which uses satellite imagery as a way of examining the global sex trade in parts of the world ranging from South America to Eastern Europe, or Slovenian artist Marko Peljhan's project „Makrolab", which is a globally migrating installation and experiment in telecommunication, meteorology and data collection? Why should the Digital Earth's user interfaces and visualizations be designed by corporate leaders and

21	Lisa Parks: Plotting the Personal. Global Positioning Satellites and Interactive Media. In: Ecumene. A Journal of Cultural Geographies, 8(2), 2001, pp. 209 - 222.

22	Armand Mattelart: Mapping World Communication, Minneapolis: University of Minnesota Press, 1994.

23	Jean Baudrillard: Simulations, New York: Semiotext(e), 1983, p. 63.

scientists rather than artists? The challenge of the Digital Earth is ultimately that of inter-disciplinarity: will the scientists and corporate executives invite the arts and humanities to be part of the digital future?

Given the imperialistic potential of the Digital Earth project, we need more cultural criticism, public debate and media activism around satellite and computer technologies. Long perceived as nothing more than relay towers in outer space, satellites are now used in the production of at least four forms of media: satellite broadcasting, remote sensing, astronomical imaging and GPS mapping. We need to use these forms of visual culture to engage more carefully with (and in some cases contest) "objective" and "official" knowledges that are produced and circulated via satellite but that often neglect public interests (even though they are subsidized in one way or another by taxpayers). What the Digital Earth claims to add to earth sciences is "world culture" and "world history", but to do so it must incorporate those from the arts and humanities. Perhaps Gore's vision of the Digital Earth project is so provocative because it posits a synthesis of earth sciences and earth culture (and this is a challenge that scientists and humanists have had a hard time reconciling). Unless those at the helm of the project open dialogues across disciplines, the Digital Earth runs the risk of reducing the planet's hybridity and complexity to a series of smooth and antiseptic digitized domains that can be folded within corporate and scientific practices geared toward greater planetary management and control. How will we be sure that the differences and contradictions of the world's cultures and histories are incorporated in the Digital Earth if it is guided by such a model? As Armand Mattelart reminds us, "The globalization of image flows has no democratic virtue in itself; it only acquires it if individual participation is not limited to the role of voyeur of the world and its great social imbalances."[22] We need to imagine the Digital Earth as a "contact zone" for cultural studies and earth science – to mobilize playful semiotic practices, interpretations, and alternative visions within these digital domains, to disrupt its tendency to produce the "vertigo of a flawless world."[23]

Dr. Parks has published a long version of this essay in: Nicholas Mirzoeff (ed.): Visual Culture Reader 2.0, London, New York: Routledge, 2003.

Herbert Mehrtens

Bilder der Bewegung – Bewegung der Bilder
Frank B. Gilbreth und die Visualisierungstechniken des Bewegungsstudiums

Frederick Winslow Taylor schreibt in der Einleitung seiner berühmten und berüchtigten Predigt über die Effizienz der Arbeit:[1] „We can see and feel the waste of material things. Awkward, inefficient, or ill-directed movements of men, however, leave nothing visible or tangible behind them. Their appreciation calls for an act of memory, an effort of imagination." Um der Verschwendung von Arbeitskraft zu begegnen und die Industriearbeit effizient zu machen, braucht es Gedächtnis und Einbildungskraft. Man muss sich ein Bild davon machen, wie ein Mensch arbeitet, und es aus dem Gedächtnis des Beobachters in eine Aufzeichnung transformieren, in ein archivalisches Gedächtnis übersetzen, das genaue Vergleiche erlaubt. Effizienz ist ein ökonomisches Prinzip, das auf dem Vergleich von Werteinheiten beruht. Für die Arbeit von Menschen sind das Zeit und Kraft, die sich in der Industrie wiederum in Geld bemessen lassen. Die Einbildungskraft braucht es, wenn es um das Optimum geht. Dazu muss man sich ein Bild davon machen, wie es am besten gehen könnte. Taylor entwirft nach diesem Schema einen Regelkreis zur Arbeitersteuerung: Das Ist der Arbeit wird aufgezeichnet und am Soll des Optimums gemessen, über die Entlohnung wird das Ergebnis an den Arbeiter rückgekoppelt.

Am Ende des 19. Jahrhunderts beginnt eine internationale Rationalisierungsbewegung, die sich nicht nur auf die Industriearbeit beschränkt. Taylor ist der berühmteste der Rationalisierer, und die Bewertung seiner Person und des „Taylorismus" sind noch heute umstritten.[2] Hans Magnus Enzensberger hat in seinem „Panoptikum" ein bös sarkastisches Bild von ihm gezeichnet, zum Beispiel: „Unförmig döst er im Sitzen, schlaflos auf unförmigen Kissenburgen."[3] Aber das Bild, das man sich da bei der Lektüre macht, bleibt diffus und wird, trivialerweise, bei verschiedenen Lesern auch verschieden ausfallen. Taylor selbst macht sich keine anschaulichen Bilder von der Arbeit. Er produziert eine Folge von „Abbildungen" im mathematischen Sinne des Wortes: Die

---

1 Frederick Winslow Taylor: The Principles of Scientific Management, New York 1911, S. 5.

2 Die Literatur ist sehr umfangreich; zur kurzen Einführung vgl. Yves Cohen: Scientific Management and the Production Process. In: Science in the Twentieth Century, hrsg. von John Krige, Dominique Pestre, Amsterdam 1997, S. 111 - 125; zu Taylors Verfahrensweise: Herbert Mehrtens: Schmidts Schaufel (9,5 kg). F. W. Taylors Techniken des „Scientific Management". In: Normalität und Abweichung. Studien zur Theorie und Geschichte der Normalisierungsgesellschaft, hrsg. von Werner Sohn, Herbert Mehrtens, Opladen 1999, S. 85 - 106; zu Taylor und Gilbreth auch ders.: Arbeit und Zeit, Körper und Uhr: Die Konstruktion von "effektiver" Arbeit im "Scientific Management" des frühen 20. Jahrhunderts. In: Berichte zur Wissenschaftsgeschichte, Jg. 25, 2002, S. 121 - 136.

kontinuierliche Bewegung eines Arbeitsganges wie dem Fertigen einer Unterlegscheibe an der Drehbank wird abgebildet in eine Serie binärer Daten, die aus der Bezeichnung eines Bewegungselements („Revolverkopf drehen und Maschine anstellen") und seiner mit der Stoppuhr gemessenen Dauer bestehen (Abb. 1). Das ist sozusagen ein rein technisches Bild, die Reduktion des

Unterweisungskarte für den Arbeitsauftrag *1. P. L. V. 3. P.*

1 Karte, Karte Nr. *1*	Zeichnung Nr. *6601* Stück Nr. *105*	Maschine Nr. *L 10*	Auftrag Nr. *P. L. V. P.*
Material *Maschinenstahl*	Klasse Nr. *XII*	Anzahl einer Auftragserie *400*	Gesamtzeit *394 Min.*	Bonus *35%*

Beschreibung der Bearbeitung
Bohren und Abstechen von Unterlagscheiben auf der Revolverbank

Lfd. Nr.	Einzelunterweisungen	Vorschub	Arbeitsgeschwindigkeit	Maschinenarbeitszeit Min.	Einrichte- u. Zwischenzeiten Min.	Bemerkungen
	I. Einrichten.					
1	*Auftragkarte wechseln*				2,00	
2	*Lesen der Unterweisungskarte*				2,00	
3	*Wechseln der Klauen auf ½"*				0,91	
4	*Ring auf die Stange setzen*				0,19	
5	*Stange in die Spindel einsetzen u. Ringe justieren*				0,59	
6	*Längenanschlag einstellen*				0,31	
7	*3/16 DDT. S. in CCCE 3/8 einsetzen*				0,31	
8	*CCCE 5/8 in den Revolverkopf einsetzen*				0,22	
9	*Anschlag einstellen für DDT. S. 3/16"*				0,31	
10	*P. A. T. L. Stahl einsetzen und einstellen*				0,77	
	Einrichtzeit insgesamt				7,61	
	II. Arbeiten.					
11	*Material bis an den Anschlag bringen*				0,15	
12	*Revolverkopf drehen und Maschine anstellen*				0,08	
13	*3/16" Loch bohren*	*H F*	*L F*	0,14		
14	*Werkzeugwechsel*				0,08	
15	*Abstechen und Kanten feilen*	*H F*	*L F*	0,12		

Abb. 1: Unterweisungskarte zum Drehen von Unterlegscheiben.

lebendigen Vorgangs auf einen Datenschatten, auf eine stark abstrahierte Nachschrift, die an der Vorschrift des Optimums als einer in der Struktur identischen und damit vergleichbaren Serie gemessen werden kann. Auch das ist eine Abbildung des Vorgangs, hier im Medium formaler Symbole, so wie Enzensbergers „Porträt" im Medium der Schriftsprache gezeichnet ist. Mit derartigen Abbildungen haben wir aber auch funktionale Orte für „richtige" Bilder, das heißt, für Abbildungen im visuell mimetischen Medium. Enzensbergers Ort ist sozusagen die kulturelle Nachbereitung des Taylorismus; er hätte, mit geeignetem Material, auch eine Montage aus Bildern und Text machen können, zum Beispiel mit dem Foto von Taylors Grabstein, auf dem „Father of Scientific Management"[4] steht. Und Taylor selbst wiederum hätte im Abbildungsprozess die Arbeiter auch filmen und am Film die Zeiten nehmen können. Das wäre nicht notwendig eine ineffiziente Verdoppelung gewesen, weil man erstens den Film wieder und wieder sehen kann und Muße für die Analyse hat. Zweitens hätte es, wenn er mit versteckter Kamera gearbeitet hätte, ihm einen Streik ersparen können, der zu seiner Anhörung vor einem Ausschuss des amerikanischen Repräsentantenhauses geführt hat.[5] Wir Historiker hätten dann zwar nicht diese wunderbare Textquelle, dafür aber eine Bildquelle, was wir ja langsam auch zu schätzen lernen.

<hr>

3   Hans Magnus Enzensberger: Mausoleum, Frankfurt a.M. 1994, S. 111.
4   Robert Kanigel: The One Best Way. Frederick Winslow Taylor and the Enigma of Efficiency, New York 1997, im unpaginierten Abbildungsteil.
5   Der Streik richtete sich gegen die Beobachtung der Arbeit mit Stoppuhren, vgl. Hugh J.G. Aitken: Taylorism at Waterford Arsenal, Cambridge, Mass., 1960.

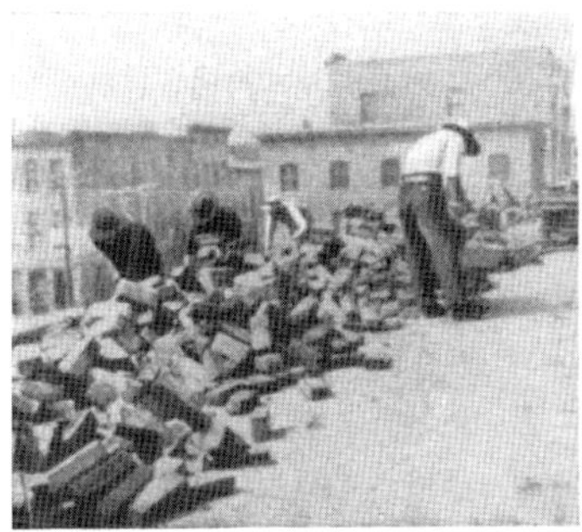

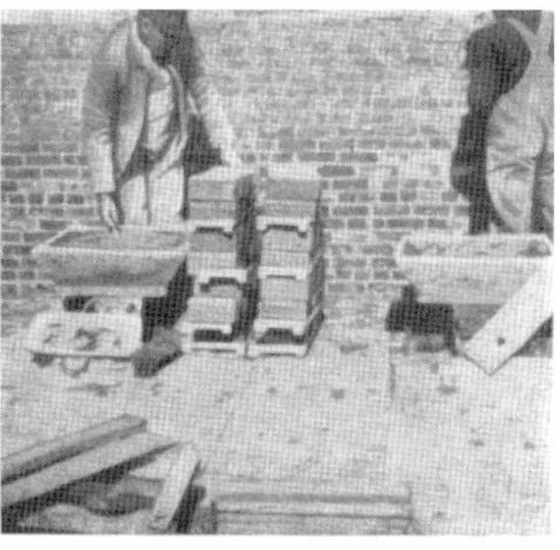

Fig. 9. So unzweckmäßig
wird in der Regel dem Maurer
das Material zugestellt.

Fig. 12. Richtige Anordnung von
Ziegelpacken und Mörtelschaff bei
schulterhohen Mauern, wenn jeder
Ziegel einzeln eingemörtelt wird.

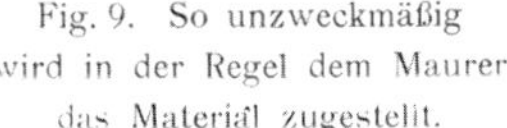

Abb. 2: Frank B. Gilbreth, Bricklaying System.

Nicht bei Taylor, aber bei Frank Bunker Gilbreth, einem gelernten Maurer, dann Bauunternehmer und später im Team mit seiner Frau Lillian, einer promovierten Psychologin, Unternehmensberater aus der Schule Taylors, werden die funktionalen Orte von technisch erzeugten Bildern besetzt. Das ist zum einen ein Film über die Familie Gilbreth – ‚Im Dutzend billiger' – am funktionalen Ort der kulturellen Verarbeitung, der als historische Quelle aber mehr über das Verhältnis zu Familie und Effizienzidee in den fünfziger Jahren aussagt als über die Gilbreths und ihre Arbeit. Das Paar hatte immerhin zwölf Kinder, die zu managen waren.[6] Zum anderen haben wir am funktionalen Ort des technischen, analyseorientierten Bildes eine Unmenge von Fotos und Filmen, die Frank Gilbreth bei seiner Arbeit als Rationalisierer produziert hat.

Gilbreth war ein begabter Zeichner und guter Schüler. Auf das geplante Ingenieurstudium am MIT verzichtete er zugunsten der Maurerlehre, um rasch zu Geld zu kommen und seine Mutter und seine Geschwister zu versorgen.[7] Als Bauunternehmer entwickelte er ein neues, Zeit und Kraft sparendes System des Mauerns und publizierte darüber ein Buch,[8] das nachgerade vollgestopft ist mit Fotografien, ergänzt durch Zeichnungen des Aufbaus von Gerät und Material und der Choreografie der Schritte und Armbewegungen. Vieles davon wird nach dem Falsch-Richtig- oder dem Vorher-Nachher-Schema präsentiert (Abb. 2). Allein an der Fülle spürt man seine Lust an den Bildern und den Umstand, dass das visuelle Design derartiger Bücher noch längst nicht eingeschliffen war.

6   Der Film ‚Cheaper by the Dozen' (USA 1950, R: Walter Lang, deutsch „Im Dutzend billiger") beruht auf der autobiographischen Vorlage zweier der Kinder: Frank B. Jr. u. Ernestine Gilbreth: Cheaper by the Dozen, (1949) New York 1973.
7   Die klassische Biographie bietet Edna Yost: Frank and Lillian Gilbreth. Partners for Life, New York 1949, zur Literatur über die Gilbreths vgl. die Website "The Gilbreth Network", URL: www.gilbrethnetwork.tripod.com, zuletzt eingesehen 12. 10. 2002.
8   Frank B. Gilbreth: Bricklaying System, New York 1909.
9   Frank B. Gilbreth: Concrete System, New York 1908.
10 Im Sinne von Tomas P. Hughes: American Genesis. A Century of Invention and Technological Enthusiasm, New York 1989; Hughes behandelt allerdings nur Taylor.

Ein weiteres Buch über seine Firmen im Betonbau[9] ist ähnlich übervoll mit Abbildungen, vor allem mit Organigrammen (Abb. 3). Gilbreth war ein Systembauer[10] und Rationalisierer, aber in diesen Publikationen zeigt sich, dass optische Sparsamkeit seine Sache nicht war. Aber das ist sicher nicht nur die pure Sucht nach Bildern; es ist auch eine überschwengliche Erprobung der Darstellungstechniken.

Detaillierten Bewegungsstudien mit neuen Techniken widmeten sich die Gilbreths intensiv seit 1912, als sie in Providence, Rhode Island, mit der Unternehmensberatung begannen und in der zu rationalisierenden Firma eine Art Labor, den „betterment room" (Abb. 4) einrichteten. Gilbreth entwickelte dabei verschiedene Techniken der Serienfotografie und der Kinematografie und meldete sie zum Patent an.[11] Seinen Vorläufer in diesen Techniken, Etienne Jules

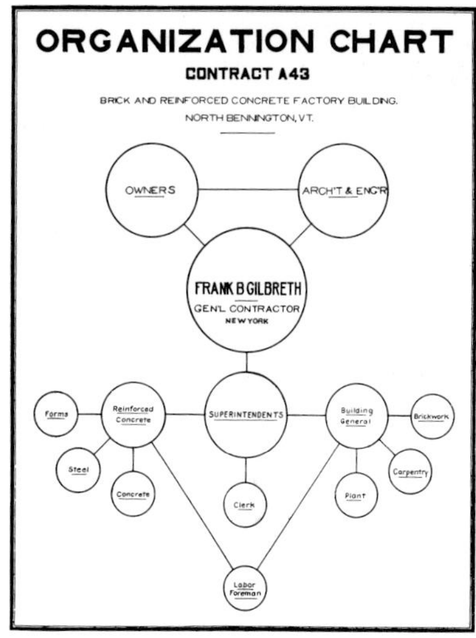

Abb. 3: Organigramm eines Bauvorhabens der Firma Gilbreth.

Marey, erwähnte er nicht. Ob er dessen Arbeiten nun kannte oder erst später davon erfuhr, der entscheidende Unterschied zwischen den beiden liegt im Arbeitszusammenhang. Marey war Physiologe, hatte Aufzeichnungsgeräte für physiologische Funktionen entwickelt und ging, nachdem er die Serienfotografien von Eadweard Muybridge gesehen hatte, zur Fotografie als Aufzeichnungsmethode über. Gemeinsam mit dem Ingenieur Fremont befasste sich Marey auch mit Industriearbeit.[12] Aber das alles geschah im akademischen Kontext im Laboratorium. Gilbreth dagegen arbeitete im Industriebetrieb und als Unternehmer, und damit standen auch die Bilder in einem anderen Kontext.

11 Zu Fotografie und Film bei Gilbreth vgl. u.a. Richard Lindstrom: "They all believe they are undiscovered Mary Pickfords" – Workers, Photography and Scientific Management. In: Technology and Culture, Jg. 41, 2000, S. 725 - 751; Thorsten Lorenz: Die Psyche zählt statt erzählt. In: Armaturen der Sinne, hrsg. von Jochen Hörisch u. Michael Wetzel, München 1990, S. 247 - 264; Lars Novak: Motion Study/Moving Pictures. Die Anfänge des tayloristischen Arbeitsstudienfilms bei Frank B. und Lillian M. Gilbreth. In: Kintop, Jg. 9, 2000, S. 131 - 149; Elspeth Brown: The Corporate Eye. Photography and the Rationalization of American Culture, 1884-1929, unpublizierte Dissertation (UMI Microform 9973647), Yale University 2000.

12 Vgl. Marta Brown: Picturing Time. The Work of Etienne-Jules Marey (1830-1904), Chicago 1992.

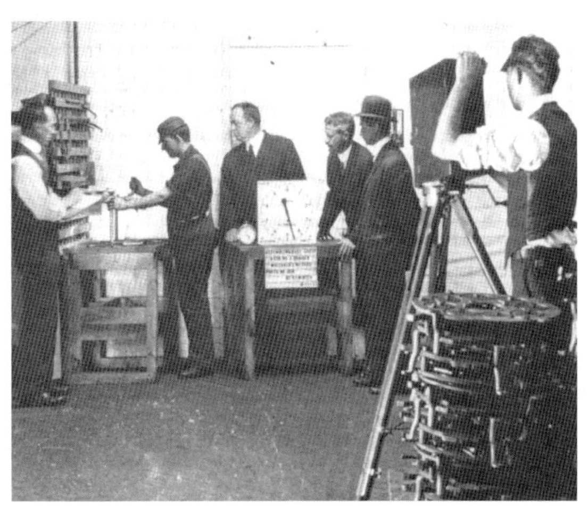

Abb. 4: Gilbreths „Betterment Room" bei der New England
Butt Company (3. v. l.: F. B. Gilbreth).

Sie erscheinen im ökonomischen Verwertungszusammenhang, werden gesehen in der Herstellung und im Ergebnis, von den abgebildeten Arbeitern, von deren Kollegen und Chefs, von Gilbreths aktuellen und potentiellen Auftraggebern, vom interessierten Publikum bei Vortragsveranstaltungen und vor allem von den Gilbreths selbst. Sie flottieren sozusagen in einem Netz von vielfältigen Sozialbeziehungen, in dem sie Konsequenzen haben oder haben können.

War es bei Taylor durchaus denkbar, dass er wie mit versteckter Stoppuhr auch mit versteckter Kamera hätte arbeiten können, so war das bei Gilbreth ausgeschlossen. Lillian Gilbreth war nicht nur die eigentliche Schreiberin des Gespanns, sie war auch die psychologisch pädagogische Leiterin des Unternehmens, und eine ihrer wichtigsten Maximen war es, das Vertrauen und die willige Mitarbeit der Arbeiter zu gewinnen.[13] Dazu war es selbstverständlich, dass es keine Heimlichkeiten gab. Fotografien wurden sogar den Arbeitern geschenkt, damit sie sie mit nach Hause nehmen konnten. Die Bilder waren als Bindungsobjekte zwischen Heim und Betrieb gedacht, als Geschenk, als eine Repräsentation des Selbst, als eine Besonderheit dieses Betriebs.

Für Frank Gilbreth ging es, um wieder an Taylor zu erinnern, bei seiner Arbeit um die Aufzeichnung der Spuren der Bewegung. Die Bewegung als solche ist nicht greifbar. Ihre Zeit lässt sich messen, wie es Taylor und seine Mitarbeiter getan haben. Mit der Serienfotografie erfasst Gilbreth den *Pfad* der Bewegung. Er arbeitet mit Lämpchen, die an den Stellen des Körpers angebracht werden, um deren Bewegung es gerade geht. Mit seinen „Chronocyclegraph Motion Devices"[14] werden bei kontinuierlichem Licht nur die Pfade erfasst, bei intermittierendem Licht werden auch Geschwindigkeitsunterschiede sichtbar.

Je nach Inszenierung und Belichtung sind die Personen auf derartigen Fotos gut bis gar nicht sichtbar. Wo sie verschwinden, bleiben nur die Pfade und lassen sich als solche vergleichen, am schlagendsten im Vorher-Nachher der

Bewegungsoptimierung (Abb. 5). Damit kann Gilbreth sich sehen lassen: Im Bild erscheinen nur das Objekt und das Resultat seiner Arbeit. Die visuelle Sparsamkeit des Nachherbildes hat ihre ästhetische Qualität, aber sie verweist direkt auf die Effektivierung des Vorgangs, für den Arbeiter auf sein neues Können, vielleicht sogar auf die Eleganz, vielleicht aber auch auf die Qual des Trainings. Dem Auftraggeber wird Einsparung zu sehen gegeben, und er kann das auf den relativen Mehrwert übertragen, den ihm der Rationalisierer beschert oder bescheren könnte. Für die Rationalisierer selbst sind derartige Bilder mithin verkaufsfördernde Illustrationen, und gerade die Reduktion um die Körper der Arbeiter spitzt die Botschaft auf das zu, um was es zwischen ihnen und den Unternehmern geht. Aber die Rationalisierer sind in der Regel auch Gläubige, die die Effizienz als Heilsbringer preisen, darum sind derartige Bilder auch Ikonen ihrer Sekte. Wenn alle überall effizient arbeiten, erhöht das den allgemeinen Wohlstand und bringt so den sozialen Frieden. Der deutsche Physikochemiker Wilhelm Ostwald hat diese Einsicht nach eigener Darstellung als eine Art Pfingsterlebnis empfunden und sie als den „energetischen Imperativ" formuliert: „Vergeude keine Energie, nutze sie!"[15]

Doch solche Bildpaare sind nur der Endpunkt der „Bewegungsstudien", mit denen sich die Gilbreths von Taylors „Zeitstudien" absetzen und sich mit ihm

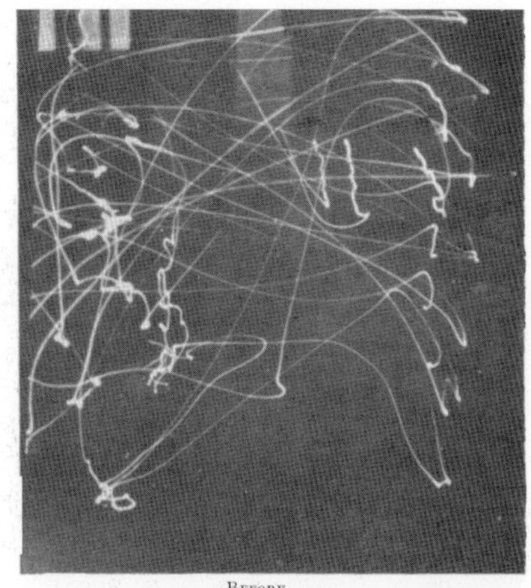

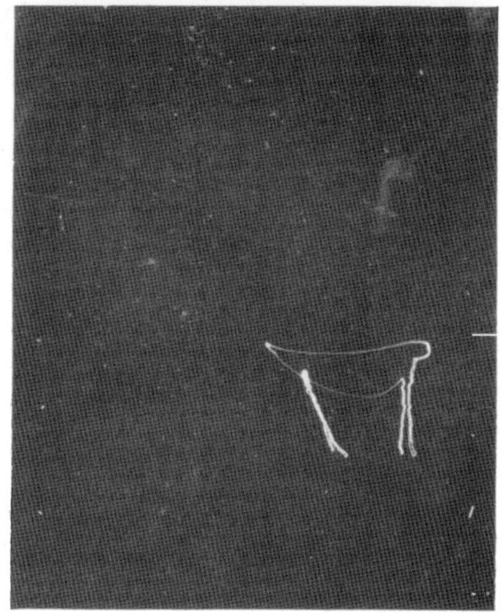

Abb. 5: Der Bildeffekt der Bewegungsoptimierung.

13 Lillian Gilbreth: Psychology of Management, New York 1914, deutsch: Frank B. u. Lillian M. Gilbreth: Verwaltungspsychologie, Berlin 1922.

14 Frank B. u. Lillian Gilbreth: Applied Motion Study, New York 1917, Kap. 5; deutsch: Bewegungsstudien, Berlin 1921.

15 Wilhelm Ostwald: Der energetische Imperativ, Leipzig 1912.

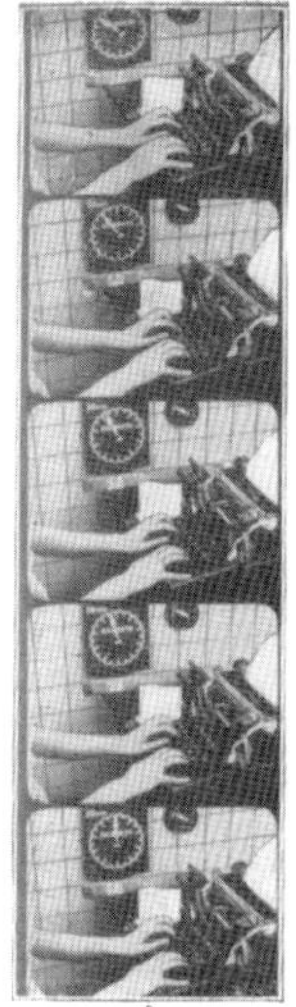

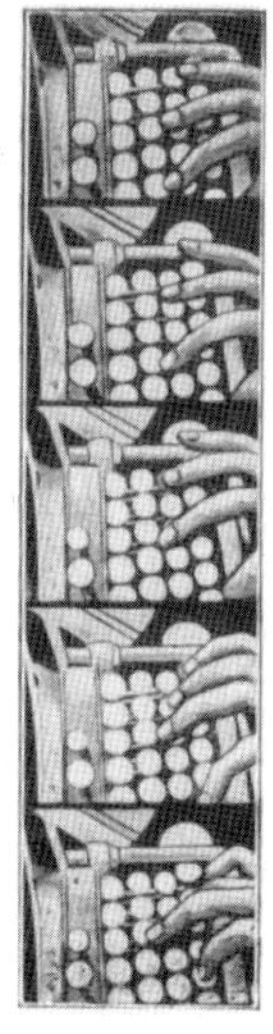

Abb. 6: Frank B. Gilbreth, Bewegungsstudien.

und den Tayloriten anlegen (Taylor stirbt 1915).[16] Die Zeitmessungen gehen selbstverständlich in die Beobachtungen ein; dazu lässt Gilbreth unter anderem seine Hochgeschwindigkeitsuhr patentieren (Abb. 6). Die Bilder, ob als Serienfotografie oder als kinematografische Aufzeichnung zeigen im Bild in der Regel diese Uhr, dazu eine normale Taschenuhr, die Zeitpunkt und -dauer der Aufnahme angibt, und schließlich einen Kurzzeitwecker, der die Zeit der eigentlichen Arbeitsprobe markiert. Für die genaue Beobachtung und Vermessbarkeit der Bewegung gibt es in der Regel noch ein Beobachtungsraster. Die Bilder sind also dazu gemacht, analytisch gelesen und verdatet zu werden. Bei dem hier gezeigten Beispiel (Abb. 6) handelt es sich um Gilbreths Arbeit für die Firma Remington, das Training einer Schreiberin für die Weltmeisterschaften. Ein Verdatungsergebnis ist zum Beispiel eine „Simultanbewegungskarte" (Abb. 7), auf der sozusagen alle beweglichen Teile der Probandin vermerkt sind und in einem Balkendiagramm auf die Zweitausendstel einer Minute genau Zeit und Dauer ihrer Bewegung während eines Papierwechsels dargestellt werden. Auf diesem *Pfad* von der schreibenden Frau in ihrem Laborambiente über die technischen Apparaturen zum Datenschatten geht es um die Abbildungen im mathematischen Sinn; aus den Bildern wird eine Datenstruktur erarbeitet, die in Zahlen erfasst wird und auf der Zeitkarte wieder eine diagrammatische Anschaulichkeit der Simultanität der verschiedenen Bewegungen bekommt. Die Karte bildet somit ein weit komplexeres Gefüge als Taylors Zeitserien.

Simultanbewegungen hatte Gilbreth schon bei seinem ersten Untersuchungsfeld, dem Mauern, im Auge und im Sinn. Er reduzierte unter anderem den Zeitaufwand durch vermehrtes beidhändiges Arbeiten, etwa indem gleichzeitig der Mörtel aufgeschüttet und der Stein geholt wird, der auf den Mörtel kommt. Bei diesen Bewegungen geht es dann nicht nur um die Zeit der Bewegung, sondern auch wieder um die Pfade, wobei er sehr wohl beachtet, dass die

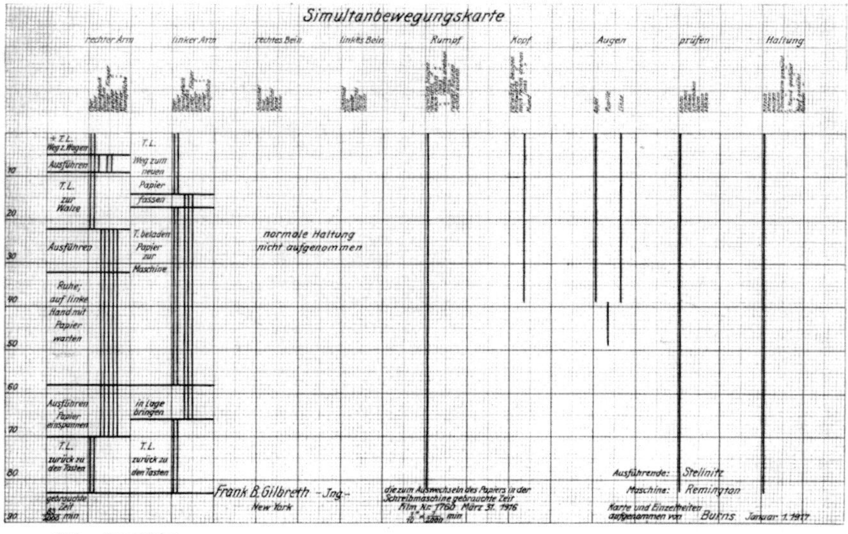

Abb. 7: Frank B. Gilbreth, Simultanbewegungskarte.

Gerade nicht immer der effektivste Weg zwischen zwei Punkten ist. Den Stein mit Schwung in einer Kurve zu transportieren, ist kraftsparender und letztlich effektiver. Die Bewegungen können noch komplizierter sein als Geraden und Kurven. Es sind wohlgemerkt Raumkurven, die abgebildet werden müssen. Gilbreth versucht es darum auch mit Stereofotografie. Die optimierte Bewegung wird schließlich in Drahtmodellen (Abb. 8) abgebildet, an denen die Arbeiter sie „erfahren" können. Das Ziel der geometrischen Abbildung konnte aber wie bei den Mauersteinen nicht nur Wegverkürzung sein. Letztlich wird der Weg zu den Modellen wohl eine Mischung aus Beobachtung, Bildanalyse und praktischen Proben mit Versuch und Irrtum gewesen sein.
Wie Gilbreth bei verschiedenen Aufgaben gearbeitet hat, lässt sich aus den schriftlichen und bildlichen Quellen nicht umfassend erschließen. Frank Gilbreth war ein Erfinder; die Betonmischmaschine, mit der er sehr viel Geld verdiente, ist nur ein Beispiel von vielen. Mit den geschilderten Apparaten und Techniken wollte er in erster Linie Bewegungen abbilden und analysieren, aber im Kontext seiner Arbeit, im Netz der Beziehungen, in denen die produzierten Bilder wahrgenommen wurden, fanden sich immer neue Intentionen. Mit Lillian Gilbreths Blick auf die Menschen im Prozess der Rationalisierung wurden Bildproduktion und Bilder zu Mitteln mit immer mehr Zwecken. Die „patterns of intention"[17] blieben im Fluss, verschränkt mit den Kontingenzen

16 Vgl. Milton Nadworny: Frederick Taylor and Frank Gilbreth. Competition in Scientific Management. In: Business History Review, Jg. 31, Spring 1957, S. 23 - 34.

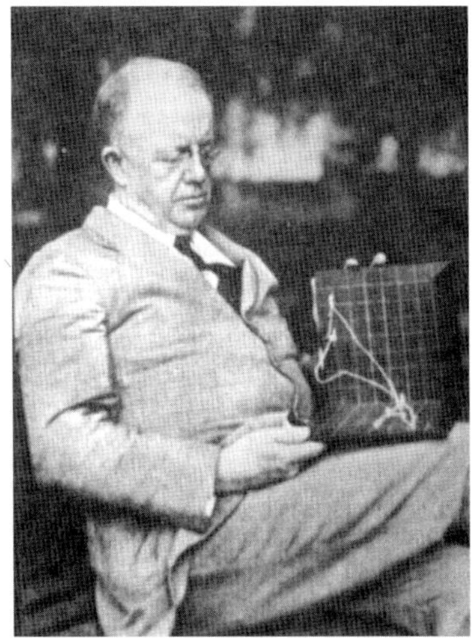

Abb. 8: Frank B. Gilbreth mit dem Draht-
modell einer Bewegung.

der konkreten Arbeit, der Familie und der Geschichte, die Frank Gilbreth mit dem Ersten Weltkrieg zu neuen Aufgaben und neuen Ideen brachte.

Die Geschichte der Bildproduktion der Gilbreths ist ein Flickenteppich, dem man nicht recht ein klares Muster geben kann; sie bleibt noch zu schreiben. Ein wieder-kehrendes Moment ist die nicht intendierte Wirkung der Bilder, die zur intendierten werden kann oder auch nicht. Dass gerade die Arbeiterinnen sich in den Film-aufnahmen als Stars imaginierten, war kaum in der Weise vorherzusehen und allem Anschein nach auch kein rational beherrschbarer und rationalisierend einsetzbarer Effekt.[18] Die Projektions- und Identifikationsmöglichkeiten der Bilder bleiben grundsätzlich offen, auch wenn die Gilbreths im Überfluss der Möglichkeiten viele davon zu nutzen lernten. Liest man ihre Arbeiten, haben sie wohl kaum an Kunst gedacht. Aber Bilder und Bildideen haben ihr eigenes Leben, und 1985 hat Mike Mandel eine chronozyklografische Aufnahme (Abb. 9) vom Leeren des Kühlschranks gemacht, auf der der Körper bis auf den Kopf verschwunden ist und auf der im Hintergrund Küchenuhr und Kurzzeitwecker zu sehen sind.[19] Bei der Arbeit mit den Bildquellen ergibt sich für den Historiker eine besondere Verführung. Sie zeigen mir, wie sie und ihresgleichen hergestellt wurden. Genau so ist es also gewesen! Hier treffen sich Leopold von Rankes Credo, dass der Historiker „zu zeigen" habe – sich sozusagen ein Bild davon zu machen habe – „wie es eigentlich gewesen", und Roland Barthes' „Noema der Photographie", das „Es-ist-so-gewesen".[20] Und dazu gesellt sich Gilbreths zen-trale Intention, der nicht fassbaren Bewegung so genau wie möglich ihre Spur abzunehmen, die erst erscheint, nachdem die Bewegung da gewesen ist. Dieser unmittelbare Eindruck von dem, was da gewesen sei, ist aber nur der der

17   Vgl. Michael Baxandall: Patterns of Intention. On the Historical Interpretation of Pictures, New Haven 1985; insbesondere ist Kapitel 1 über den Bau einer Brücke ein methodisches Musterbeispiel für die Analyse von komplexen Artefakten.

18   Vgl. Richard Lindstrom (s. Anm. 11). Mary Pickford, die da erwähnt wird, spielte im Übrigen immer arme Mädchen, die am Ende auch arm blieben.

19   Mike Mandel: Emptying the Fridge, 1985, Cibachrome, 76,2 x 101,6 cm. In: Sprung in die Zeit, Ausstellungskatalog, Berlinische Galerie, Berlin 1992, S. 69, 197.

20   Roland Barthes: Die helle Kammer. Bemerkungen zur Photographie, Frankfurt 1989, S. 87.

21   Roland Barthes (s. Anm. 20), S. 117.

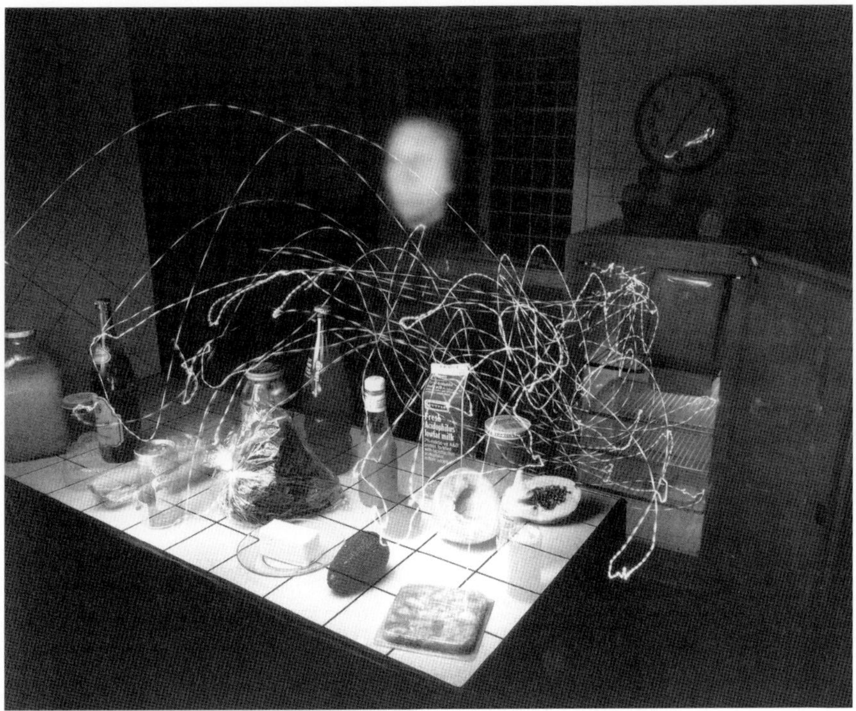

Abb. 9: Mike Mandel: Emptying the Fridge, 1985, Cibachrome, 76,2 x 101,6 cm.

lichtempfindlichen Schicht im Moment ihrer Belichtung. Aber interessiert mich dieser Moment? Er interessiert Gilbreth, denn er hat so die Spur der Zeit der Bewegung in die Hand bekommen. Aber das ist keine Repräsentation der historischen Zeit, auf die Ranke aus ist. Barthes schreibt von der „Interpretationssperre" der Fotos: Sie zeigen, dass es so gewesen ist und sonst nichts.[21] Die historische Zeit aber, in der dieses oder jenes der Fotos entstand, ist angefüllt mit den verschiedensten Intentionen und Interpretationen der antizipierten und der fertigen Bilder in dem Handlungskontext, in dem sie ihre Rollen spielten.

Die Bilder scheinen einen unmittelbaren Einblick in die Werkstatt des Frank Bunker Gilbreth zu geben. Das tun sie ja auch, aber wie repräsentativ sind sie, beziehungsweise wie sind sie repräsentativ? Manchen ist anzusehen, dass sie Frank Gilbreth bei der Arbeit repräsentieren, aber nicht die Arbeit des Frank Gilbreth. Und so hat er sie auch genutzt, nicht nur für Bewegungsstudien, in denen es darum ging, rationalisierend Zeit zu schinden, sondern auch, um sich und andere zu zeigen und um den ganzen technischen Aufwand zu zeigen, um mit der ganzen Technizität und Objektivität seiner Verfahren Eindruck zu schinden, vermutlich auch bei sich selbst.

Bildbesprechung

Interview mit Michael Jöcks, Fotograf am ,Institut Polizeitechnische Untersuchungen' im Landeskriminalamt Berlin.

Bildwelten des Wissens: Herr Jöcks, welche Aufgaben haben Sie innerhalb der Polizei?

Michael Jöcks: Ich bin seit über zehn Jahren Fotograf am Institut Polizeitechnische Untersuchungen (PTU), das zum Landeskriminalamt Berlin gehört. Am Institut werden Gutachten von Sachverständigen für Gerichtsprozesse erstellt. Diese Gutachten beziehen sich auf Spuren oder beschlagnahmte Gegenstände, wie zum

Michael Jöcks: Ich arbeite fast ausschließlich im Fotostudio und im Fotolabor. Das Verfahren ist folgendermaßen: Nachdem die Untersuchungsgegenstände von Polizeibeamten oder den Kollegen von der Spurensicherung zu uns geschickt wurden, bekommt sie zunächst ein Sachverständiger. Dieser untersucht sie, und danach kommt er zu mir und erklärt mir, was er fotografisch dargestellt haben möchte. Man beginnt die Dokumentation eigentlich immer mit einer Übersichtsaufnahme der Untersuchungsgegenstände, bevor der Untersuchungsbereich am Spurenverursacher oder Spurenträger durch Detailaufnahmen visuell eingegrenzt wird. Meine Arbeit ist reine Dokumentationsfoto-

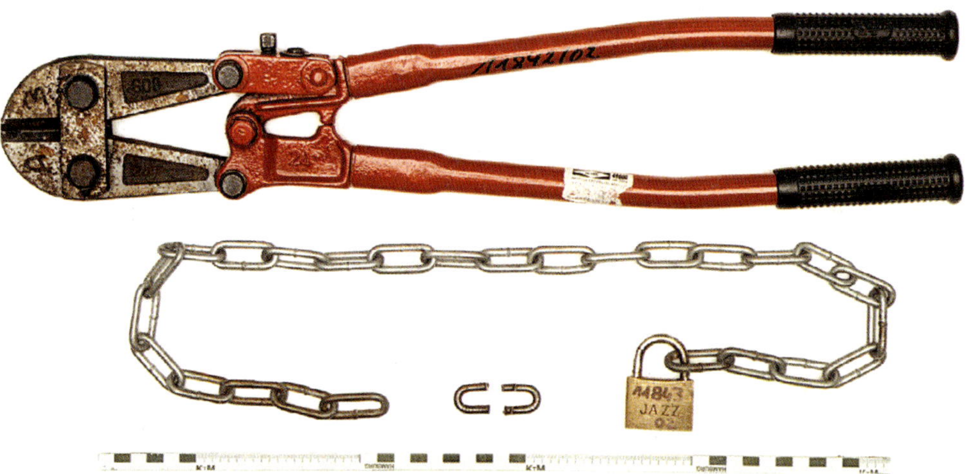

Abb. 1: Übersichtsaufnahme des Untersuchungsmaterials: Bolzenabschneider und Gliederkette mit Anhangschloss.

Beispiel Tatwaffen oder Bekleidungsstücke. Aufgabe des Institutes ist es, herauszufinden, ob es sich zum Beispiel bei Blutspuren, die an einem Messer sichergestellt wurden, um Täter- oder Opferblut handelt, ob eine DNA-Analyse, ein sogenannter genetischer Fingerabdruck, erstellt werden soll. Meine Aufgabe ist die fotografische Dokumentation der Untersuchungsgegenstände und -ergebnisse.

Bildwelten des Wissens: Sie arbeiten also nicht am Tatort, sondern Ihre Aufgabe ist es, Bilder zu erstellen, die später im Prozess relevant werden?

grafie. Es darf von unserer Seite aus keine Wertung geben und für uns muss es irrelevant sein, ob das Gutachten be- oder entlastend für eine beschuldigte Person ist.

Bildwelten des Wissens: Was kann man anhand der Aufnahmen, die Sie erstellen, nachweisen?

Michael Jöcks: Anhand der Aufnahmen kann man nichts nachweisen. Bei der Untersuchung von Werkzeugen kann z. B. festgestellt werden, ob für das Durchtrennen einer Metallkette ein ganz bestimmter Bolzenabschneider benutzt wurde. Nicht mehr, aber auch nicht weniger.

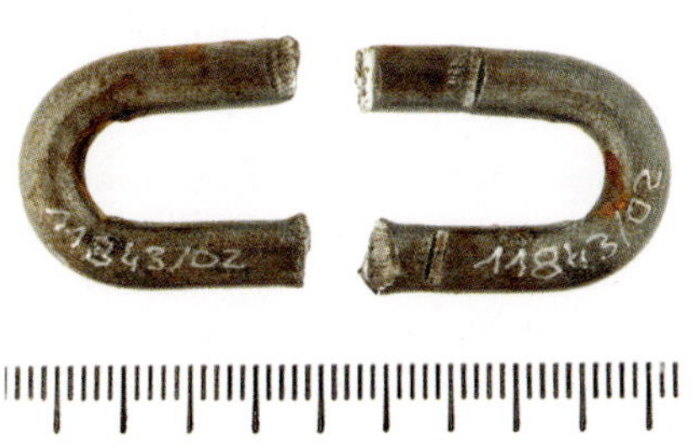

Abb. 2: Detailaufnahme des durchtrennten
Kettengliedes: Spurenträger.

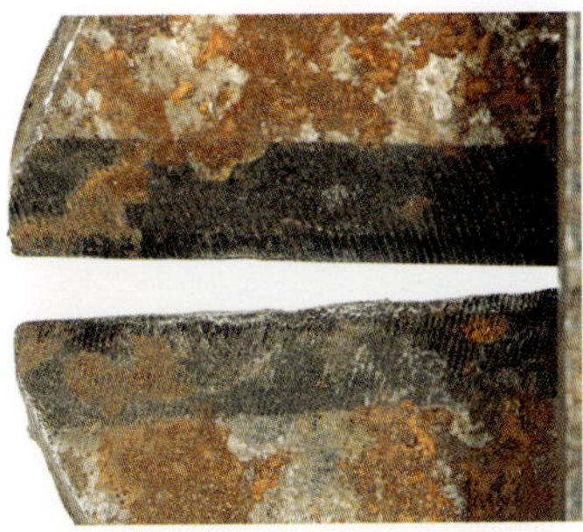

Abb. 3: Detailaufnahme der Schneiden des
Bolzenabschneiders: Spurenverursacher.

Dafür werden zunächst die Spuren aufgenommen, die vom Werkzeug am Tatort verursacht wurden. Diese Spur ist individuell.

Sie können, um ein anderes Beispiel zu nennen, mit einem Schraubendreher vielleicht zwanzig Wohnungen aufbrechen und hinterlassen dabei 20mal eine charakteristische Hebelspur. Wir haben dann eine Art ‚Fingerabdruck' dieses Werkzeugs, von dem ich eine Makroaufnahme, also eine Aufnahme mit einem vergrößernden Objektiv, anfertige. Als nächstes werden mit den sichergestellten Werkzeugen Vergleichsspuren hergestellt und auch von diesen wird eine Makroaufnahme gefertigt. Indem man die beiden Aufnahmen gegenüberstellt, kann man nachweisen, welche Spuren von welchem Werkzeug stammen. Wenn die Rillen und Riefen übereinstimmen, ist das ein Beweis dafür, dass dieses Werkzeug am Tatort benutzt wurde. Das herauszufinden ist Sache des Sachverständigen, meine Aufgabe ist nur das Ergebnis visuell festzuhalten.

Diese Spurenuntersuchung sagt aber nichts darüber aus, wer es in der Hand hatte, es sei denn auf dem Werkzeug sind auch noch Fingerabdrücke vorhanden.

Bildwelten des Wissens: Welche speziellen Fototechniken setzen Sie bei der kriminaltechnischen Untersuchung ein?

Michael Jöcks: Im Bereich der Schrift- und Urkundenuntersuchung wird mit Ultraviolett- und Infrarot-Fotografie gearbeitet, um zum Beispiel die fluoreszierenden Sicherheitsmerkmale von Geldscheinen und Ausweispapieren zu dokumentieren.

Mit Durchlichtbeleuchtung lassen sich Wasserzeichen darstellen und mit Streiflicht unter anderem Durchdruckspuren auf Papier. Außerdem gibt es in der Schwarzweiß- und Farbfotografie diverse Filtertechniken. Diese unterschiedlichen Beleuchtungstechniken sind lange bekannt und allgemein gebräuchlich.

Wenn wir in der kriminaltechnischen Fotografie diese Techniken einsetzen, geht es aber natürlich nicht um Bildeffekte, sondern es geht darum, diese Techniken so einzusetzen, dass Materialeigenschaften und Bearbeitungsspuren sichtbar werden, die im Gutachten wichtig sind.

Bildwelten des Wissens: Gibt es für die Kriminaltechnische Fotografie feste Vorschriften oder einen Regelkatalog?

Michael Jöcks: Es gibt die Forderung nach technisch einwandfreien Aufnahmen, das heißt, sie sollten eine ausgezeichnete Schärfe besitzen und gut ausgeleuchtet sein. Bei der Spurenfotografie ist darauf zu achten, dass die Aufnahmen verzerrungs- und verzeichnungsfrei sind, was bedeutet, dass die Kamera, das Objektiv, Licht und Beleuchtung entsprechend hochwertig sein müssen. Außerdem sollte ein Maßstab mit abgebildet und bei Makroaufnahmen der Vergrößerungsfaktor mit angegeben sein. Wie ich dabei vorgehe und wie eine Aufnahme jeweils konkret angefertigt wird, entscheide ich selbst. Jeder Fall hat seine eigenen Bedingungen, auf die man flexibel reagieren muss. Welche Details in einem konkreten Fall wichtig sind und wie eine Aufnahme weiterbearbeitet wird, ob zum Beispiel eine Ausschnittsvergrößer-

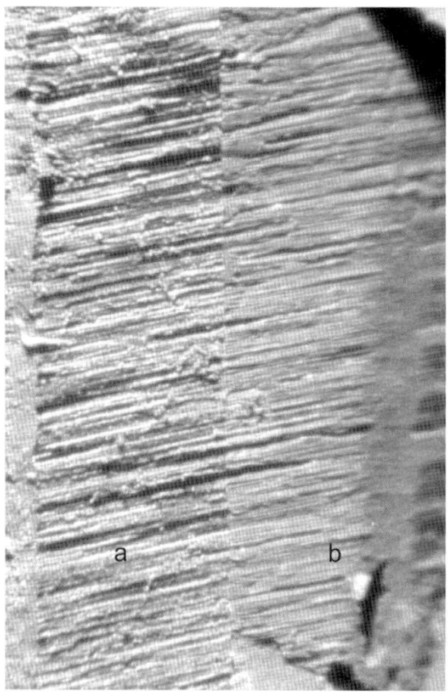

Abb. 4: Gegenüberstellung des Schartenbildes
der Schneiden: a – einer selbstgefertigten
Vergleichsspur, b – der Tatspur;
Vergrößerungsfaktor ca. 100:1.

ung nötig wird, kann man nicht vorher
festlegen.

Bildwelten des Wissens: Sie haben also die
ganze Bearbeitung selbst in der Hand?

Michael Jöcks: Es ist einfach ein Vorteil,
wenn alles in einer Hand ist. Die kriminaltechnische Fotografie ist das Fachlabor
innerhalb der PTU. Ich bin, in Absprache
mit dem zuständigen Gutachter, verantwortlich für die gesamte Bilderstellung:
die Aufnahme, die Filmentwicklung und
die Vergrößerung der Bilder. Die individuelle Bearbeitung der Bilder ist deshalb
erforderlich, weil ein Belichtungsautomat
nicht ‚wissen‘ kann, auf welches Detail es
besonders ankommt. Ob es sich bei einem
roten Fleck um Blut, oder um einen Rostfleck handelt, ist aber ein entscheidendes
Detail. Bei einer zu hellen oder zu dunklen
Bildwiedergabe wäre dieses Detail unter
Umständen nicht mehr erkennbar. In solchen Fällen ist die individuelle Bearbeitung genauer. Gleiches gilt bei Ultraviolett- und Infrarotaufnahmen.

Bildwelten des Wissens: Kann ein Gutachter anhand der Fotografien denn feststellen, um welchen Stoff – also Blut oder
Rost – es sich handelt?

Michael Jöcks: Nein, nur anhand der Fotografie kann er das nicht. Dieses Ergebnis
kann nur die spezielle Untersuchung von
Proben liefern. Die Fotografie dokumentiert in diesem Moment nur, wie das
Werkzeug oder die Tatwaffe am Tatort
gefunden wurde. Sie zeigt, wo sich beispielsweise eine Blutspur auf einem Messer befunden hat. Diese Dokumentation ist
notwendig, weil nach der Probeentnahme
dieser Bluttropfen möglicherweise nicht
mehr vorhanden ist. Wenn nun aber der
Richter oder der Staatsanwalt eine genaue
Information darüber haben will, wo sich
das Blut befand und um wieviel es sich
gehandelt hat, kann der Gutachter auf die
Fotografie verweisen.

Bildwelten des Wissens: Ein Bild erfüllt
seinen Zweck also nur zusammen mit der
Analyse, dem Gegenstand oder einem Vergleichsbeispiel und einer ganzen Kette von
Argumentationen?

Michael Jöcks: Richtig. Sie brauchen eine
Tatortspur und wie in unserem Bespiel ein
Werkzeug, das als Spurenverursacher in
Frage kommt, um die Aussage treffen zu
können, ob die Tat mit diesem oder mit
einem anderen Gegenstand ausgeführt
wurde.

Bildwelten des Wissens: Wie würden Sie
selbst die Verwendung solcher Bilder
beschreiben, wieviel von einem Foto ist
ein Beweis und wieviel Dokumentation?

Michael Jöcks: Die Bilder werden im
Gerichtsverfahren verwendet, beziehungsweise in Untersuchungsberichte eingebunden. Sie ersetzen aber nicht den Sachbeweis. Sie sind nur beweisunterstützend
oder verdeutlichen einen Sachverhalt. Die
Hauptaufgabe eines Fotos in der kriminaltechnischen Fotografie ist die bildliche
Dokumentation.

Das Gespräch führte Angela Fischel.

Farbtafeln

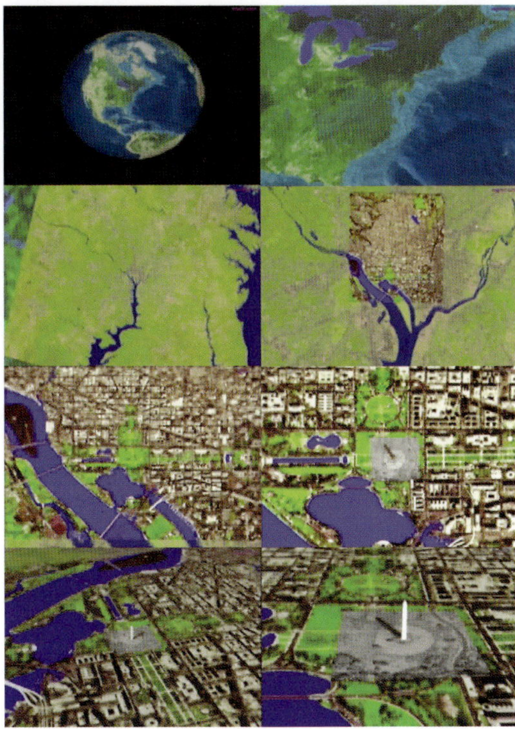

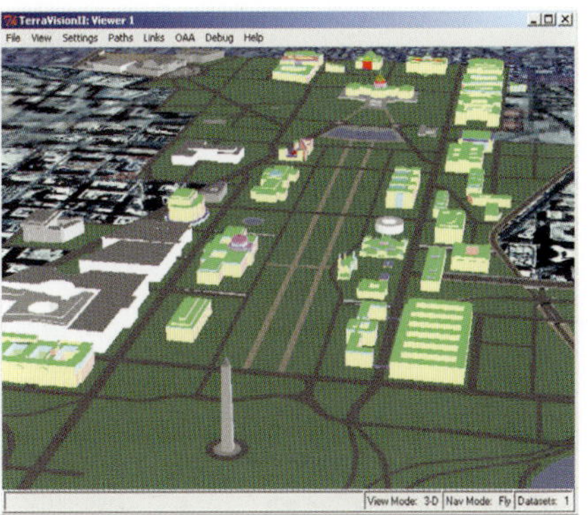

Plate 2: Urban Visualization. TerraVision can render VRML and/or GeoVRML models over the terrain. This screenshot shows TerraVision flying around a complex VRML model of the Washington DC mall area.

Plate 1: Sample visualization from the Digital Earth Workbench. Zoom from space to downtown Washington, D.C..

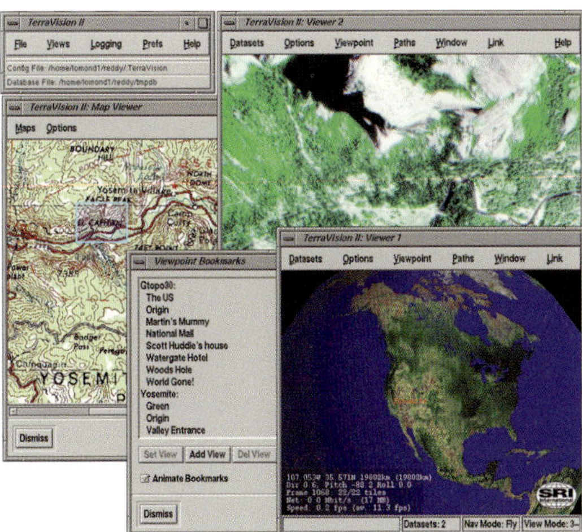

Plate 3: System Overview. This screenshot shows a number of TerraVisionTM II windows.

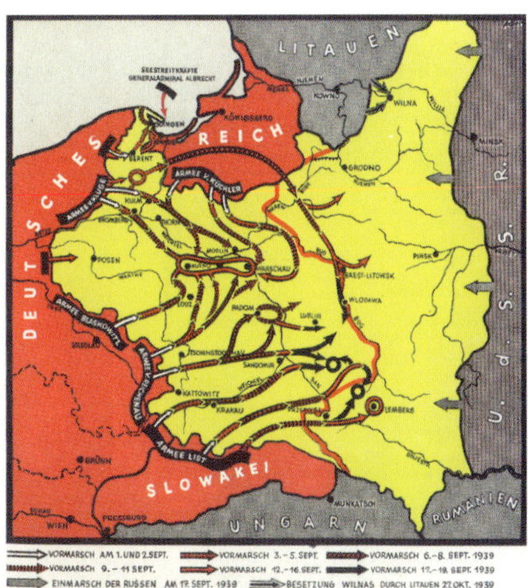

Tafel 4: Schematische Darstellung des Polenfeldzuges von 1939 nach G. Wirsing 1942.

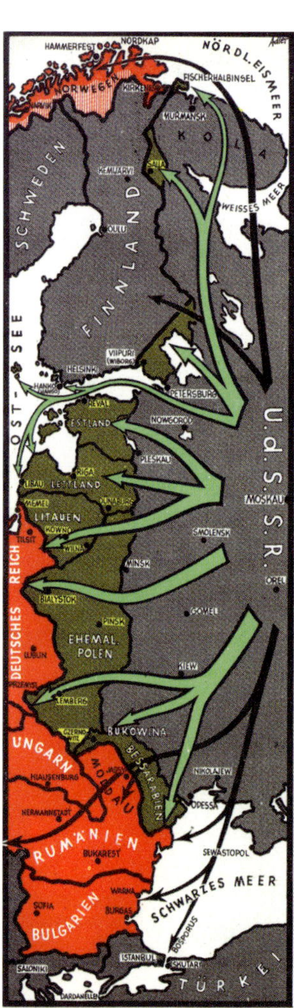

Tafel 5: Graphische Darstellung von „Moskaus Griff nach dem Westen" nach G. Wirsing 1942.

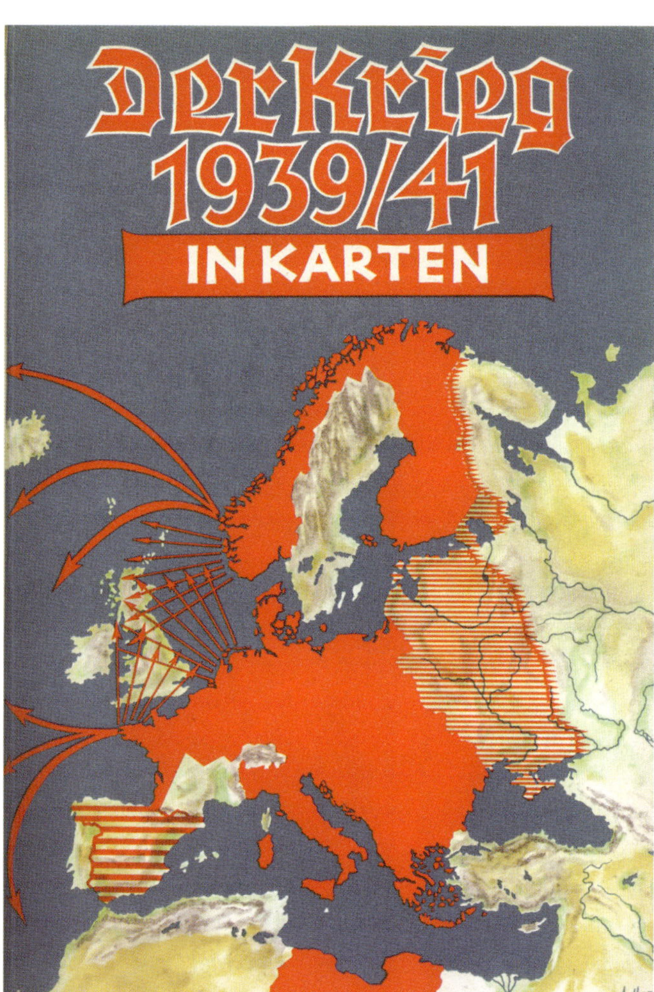

Tafel 6: Buchumschlag von G. Wirsing „Der Krieg 1939/41 in Karten" 1942.

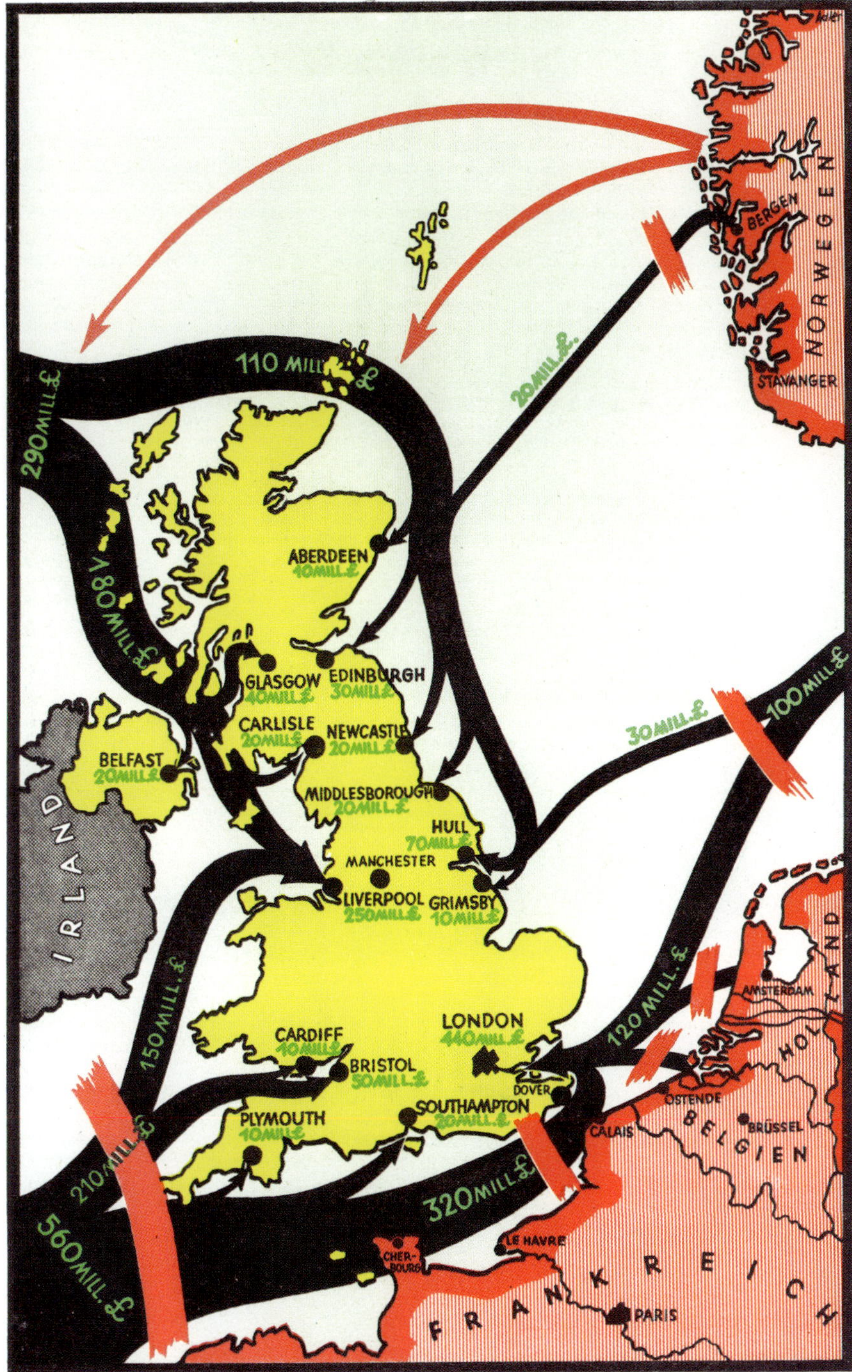

Tafel 7: Darstellung der durch die deutschen Truppen bewirkten Blockierungen der Nahrungszufuhren nach England nach G. Wirsing 1942.

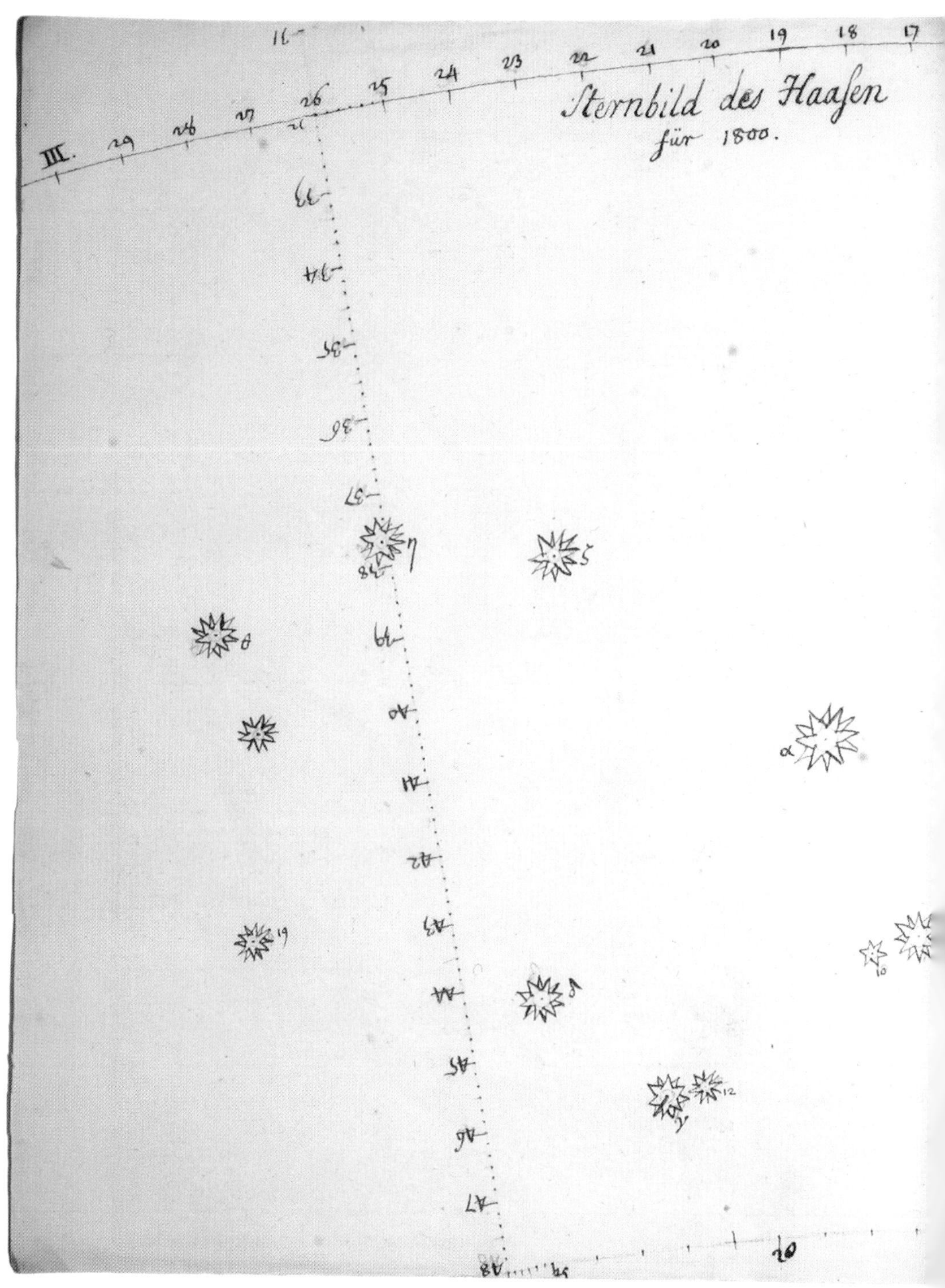

Johann Heinrich Lambert, Sternkarte, Berlin-Brandenburgische Akademie der Wissenschaften, Akademiearchiv, NL Lambert 28.

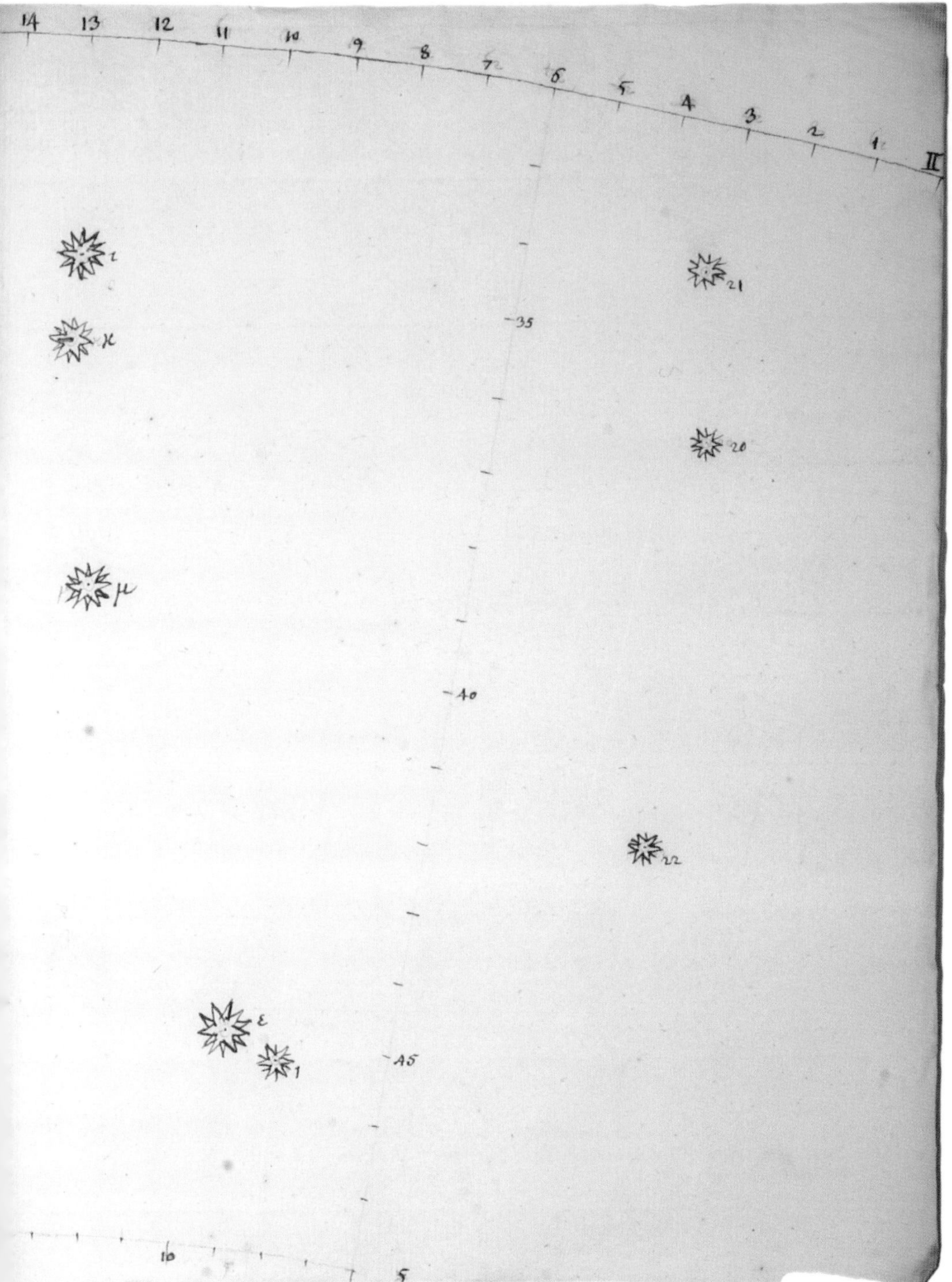

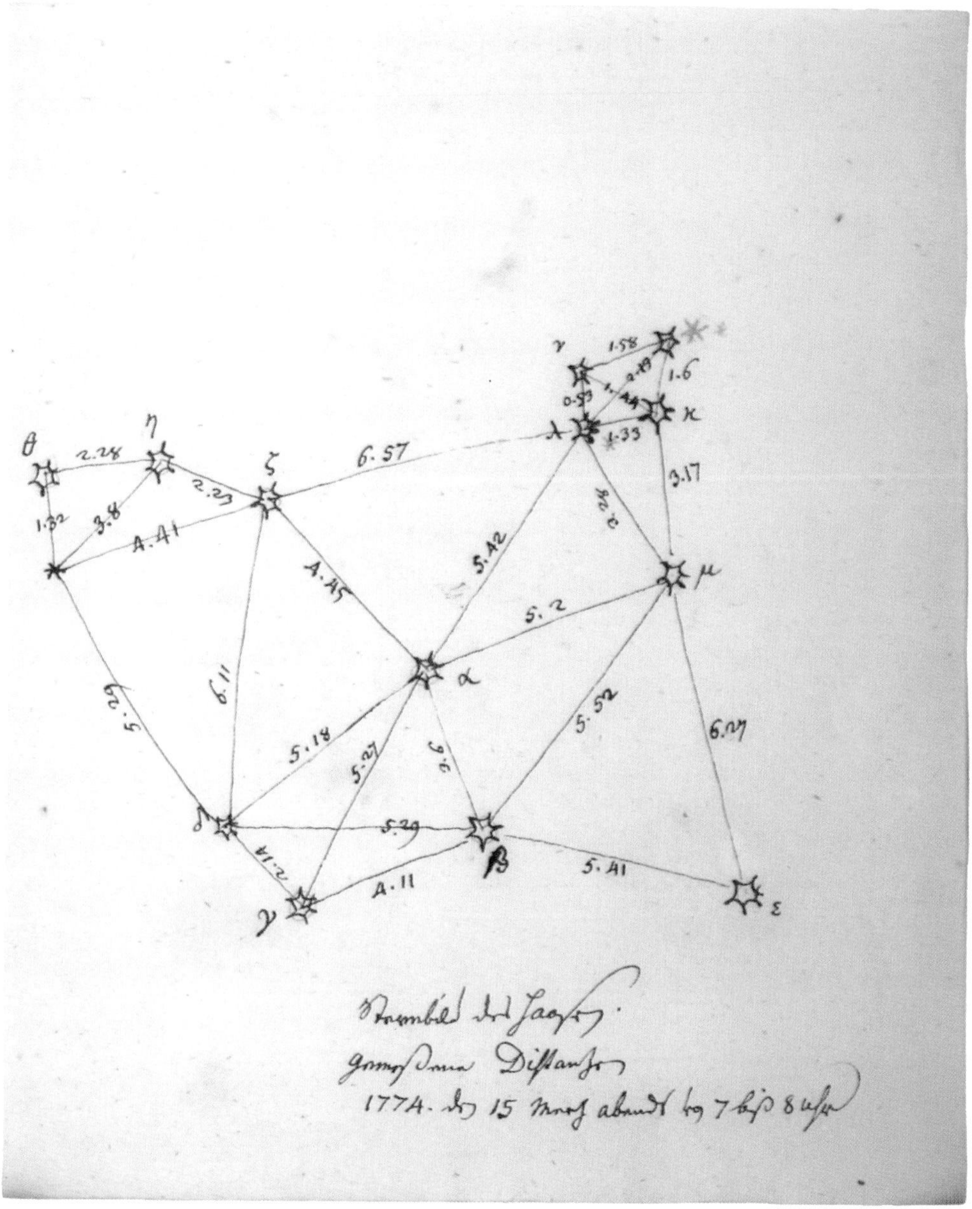

Johann Heinrich Lambert, Notizen, Berlin-Brandenburgische Akademie der Wissenschaften, Akademiearchiv, NL Lambert 28. (darunter zum Vergleich das Sternbild aus Johann Bayer: Uranometria, Augsburg 1603.)

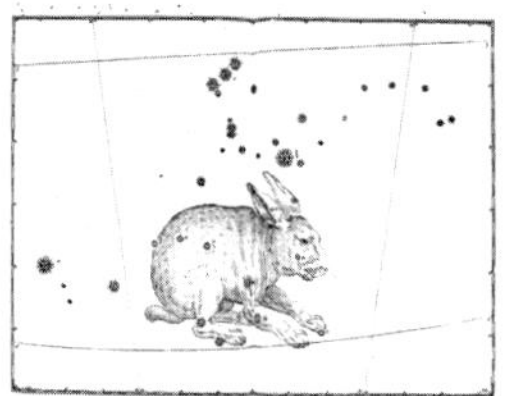

Faksimile

Das Sternbild des Hasen

Im Nachlaß von Johann Heinrich Lambert (1727 - 1777) befindet sich zwischen Blättern mit Tabellen, Berechnungen und Messdaten eine Himmelskarte, die das Sternbild „Hase" und einige Gestirne seiner näheren Umgebung zeigt. 22 Sternsymbole wurden in die Koordinaten der Längen- und Breitengrade eingetragen, die variable Größe der Symbole kennzeichnet die unterschiedliche Helligkeit der beobachteten Sterne am Firmament. Auch die Indizierung mit griechischen Buchstaben und mit Ziffern bezieht sich auf die Helligkeit, wobei der Buchstabe Alpha den hellsten, die Ziffer 22 den am wenigsten hellen Stern bezeichnet.

Mit der Ortsbestimmung der Himmelskörper und der Lichtstärke hat Lambert zwei völlig unterschiedliche Größen in ein Koordinatensystem eingetragen. Zur Karte gehört aber noch eine dritte, historische Ebene. Denn dadurch, dass Lambert, wie allgemein üblich, die Sterngruppe als Bild eines „Hasen" identifiziert, zitiert er auch einen antiken Mythos und stellt sich in die Tradition der griechischen Astronomie. Diesem Mythos nach kauert der Hase zu Füßen des Jägers Orion, Schutz suchend vor dem großen und kleinen Hund. Das Sternbild des „Hasen" ist in der nördlichen Hemisphäre im Winter dicht über dem südlichen Horizont, unterhalb des Orion zu beobachten.

Das Zeichnen war, etwa beim Kartografieren von Sternbildern, Lamberts alltägliche wissenschaftliche Praxis. Dazu gehört die Messung und Peilung von Koordinatenpunkten, wie auch die Übertragung dieser Daten in das zweidimensionale Koordinatensystem der Längen- und Breitengrade. Das Papierlineal, das ebenfalls in seinem Nachlaß erhalten ist, ermöglicht den Nachvollzug der Relationen zwischen den Sternen. Lamberts Interesse an der Helligkeit, läßt sich mit seinen Forschungen über die Photometrie, also der Messung der Lichtstärke in Verbindung bringen. Er gilt heute als ihr Begründer,

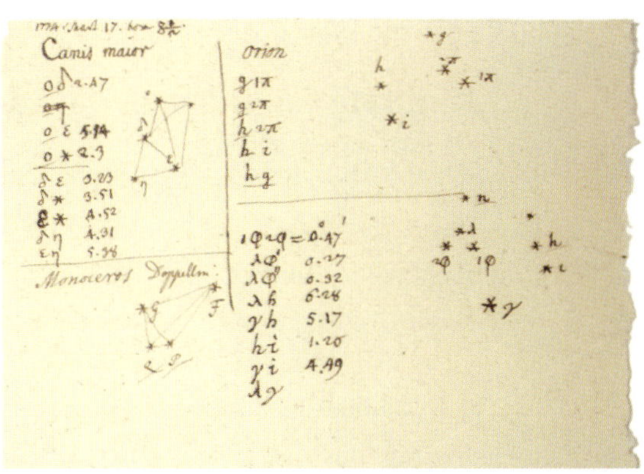

Johann Heinrich Lambert, Notizen, Berlin-Brandenburgische Akademie der Wissenschaften, Akademiearchiv, NL Lambert 28.

und er formulierte die Gesetze der Lichtabsorbtion. Auch darauf nimmt die Karte Bezug. Lebenslang beschäftigt hat ihn die Berechnung von Kometen- und Planetenbahnen, eine Frage, an die sich seine kosmologischen Entwürfe, etwa über den Aufbau der Galaxie und über die Existenz außergalaktischer Systeme, anschließen.

Johann Heinrich Lambert war Mathematiker, Philosoph und Physiker und seit 1765 Mitglied der Berliner Akademie der Wissenschaften. Sein außerordentlich breites Forschungsinteresse reichte von astronomischen und physikalischen Fragen bis zu den bildgebenden wissenschaftlichen Verfahren, etwa der Kartografie, die er weiterentwickelt und wissenschaftlich untermauert hat. Bereits 1759 erschien sein Buch über „Die freye Perspektive", die auch eine Konstruktionshilfe für bildende Künstler war. Wissenschaftlich bedeutsamer waren jedoch seine Forschungen zur Trigonometrie und Kartographie, die er grundlegend prägte. Seine Theorie zu den Parallellinien gilt heute als Vorläufer der nicht-euklidischen Geometrie.

Wir danken Herrn Prof. Dr. Eberhard Knobloch, Technische Universität Berlin und Berlin-Brandenburgischen Akademie der Wissenschaften, für die freundliche Beratung.

Sandrina Khaled

Pikturale Graphismen der Technik, 1569 - 1870

Bücher über Bücher

Robert Willis, seit 1837 Jacksonian Professor of Natural Experimental Philosophy in Cambridge, nutzte die 1793 von einem um Heilung nachsuchenden, gichtkranken Geistlichen gestiftete Professur, um den in Englands Werkstätten fabrizierten und in wissenschaftlichen Tischgesellschaften diskutierten, technischen Vorrichtungen eine akademische Grundlage zu verschaffen.[1] An den Anfang seines Lehrbuches „Principles of Mechanism" von 1841 setzte er eine Bücherliste: „From time to time", heißt es in der Einleitung, „a number of books have been produced [...] having for their subject *Machinery*".[2]

Willis' Aufzählung versammelt vier Jahrhunderte technischen Schrifttums und rekurriert dabei insbesondere darauf, inwieweit Maschinenbücher an einer theoretischen Durchdringung von technischen Vorrichtungen mitgewirkt haben. Roberto Valturios „De re militari", ein um 1460 verfasster, schon als Handschrift weithin zirkulierender Traktat, der mit seiner 1472 erfolgten Drucklegung in der Offizin von Johannes Nicolai in Verona zum ersten gedruckten illustrierten Buch avancierte und Georg Agricolas „De re metallica libri XII" von 1556, die das illustrierte gedruckte Buch zur Demonstration humanistischer Gelehrsamkeit an einem technischen Gegenstand *par excellence*, der Silbermine, zu nutzen wissen, sind Willis zufolge „confined to machines destined for one particular kind of work".[3] Die mit Jacob Leupold endende Tradition der Maschinentheater sammelte unterschiedliche technische Vorrichtungen und steht für den Versuch einer ersten Systematisierung des Maschinenwesens, ein Unternehmen, das 1794 an der Pariser École Polytechnique zum Programm erhoben wurde. Die Aufzählung dient aber nicht einem historischen Überblick über technische Publikationen, noch weniger ist sie eine Würdigung bibliophiler Kostbarkeiten, sondern soll aufzeigen, wie ein abstrakter Maschinenbegriff in „the mind of a mechanician" allererst hat entstehen können.[4]

Schon Gaspard Monge und sein Mitarbeiter Jean Pierre Nicolas Hachette legten im Rahmen der Reorganisation der Ingenieurwissenschaft an der École Polytechnique neben der Systematisierung der Methoden zur Anfertigung einer technischen Zeichnung im Rahmen des *cours de géométrie descriptive* ein Schnittmuster zur Anfertigung eines technischen Lehrbuches vor. Die

---

1 T.J.N. Hilken: Engineering at Cambridge University 1783-1965, London 1967, S. 50f.

2 Robert Willis: Principles of Mechanism, London 1870, 2. Aufl., S. vii, Hervorheb. im Original.

3 Robert Willis (s. Anm. 2.), S. vii

4 Robert Willis (s. Anm. 2.), S. vii

Studenten sollten im ersten Studienjahr in einem zweimonatigen Kurs mit den *machines élémentaires* vertraut gemacht werden. In Monges Abwesenheit, er befand sich seit dem 18. Mai 1798 im Gefolge Napoleons an Bord der L'Orient auf dem Weg nach Abu Kir, entstanden zwei Projekte, Hachettes „Traité élémentaire des machines", sowie unter seiner Mitarbeit, Phillipe-Louis Lanz' und Augustin de Bétancourts „Essai sur la Composition des Machines".[5] Das für diesen Buchtyp entwickelte Modell sollte technische Vorrichtungen vollständig erfassen und klassifizieren. In seinem Nachruf auf Monge betonte François Arago, Professor für Physik an der École Polytechnique und Mitglied des Bureau des longitudes, dass es dessen Forschungen gelungen war, „die complicirtesten Maschinen auf eine sehr beschränkte Anzahl einfacher Bestandtheile zurückzuführen. Es entging Monge nicht, mit welchen Vortheilen eine vollständige Aufzählung dieser verschiedenen Theile für die Erfinder, wie für die bloßen Verfertiger von Maschinen verbunden sein müßte; welchen Nutzen sie aus übersichtlichen Zusammenstellungen der bekannten Mittel ziehen könnten, um die Bewegungen der Maschinentheile, auf welche die bewegenden Kräfte direct wirken, in die sehr verschiedenen Bewegungen umzuwandeln, die auf andere Theile übertragen werden sollen; sowie aus der graphischen Darstellung der scharfsinnigen Combinationen, bei denen man die treibende Kraft des Wassers oder der Luft, und die elastische Kraft des Dampfes bald mit unablässigen Schlägen die colossalen Anker der Linienschiffe schmieden, bald mit mathematischer Regelmäßigkeit die Fäden des künstlichen Spitzenmusters ineinanderschlingen sieht."[6]
Unter die „complicirtesten Maschinen" fallen hier diejenigen technischen Vorrichtungen, die in gedruckten Büchern aufzufinden sind. Neben enzyklopädischen Werken, wie etwa die „Description des arts et métiers" und die „Encyclopédie", scheint das technologische Genre des *Theatrum Machinarum* (Abb. 1) vor allem wegen seiner graphischen Darstellungen zur Zerlegung und Kombination tauglich. Es kehrt auf diese Weise an seinen Geburtsort zurück. Pierre de la Ramée beklagte im „Prooemium Mathematicum" von 1567 den Niedergang der Mathematik in Paris. Er hatte dabei aber nicht den defizitären

---

5 Jean Pierre Nicolas Hachette: Traité élémentaire de machines. Mit einer Widmung von Lazare Carnot, Paris 1811; Phillipe Louis Lanz, Augustin de Bétancourt: Essai sur la Composition des Machines, Paris 1809.

6 François Arago: Sämtliche Werke, Bd. 2. Mit einem Vorwort von Alexander von Humboldt, Leipzig 1860, S. 374.

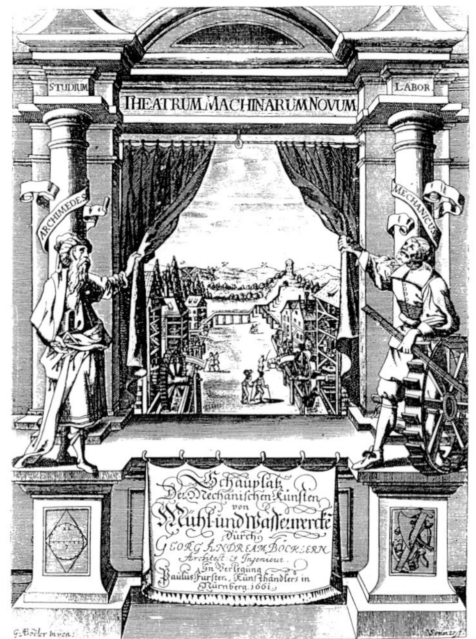

Abb. 1: Georg Andreas Böckler, Theatrum Machinarum Novum, 1673, Frontispiz.

Stand der Mathematik als Wissenschaft im Auge, sondern den Technologievorsprung Italiens und Deutschlands in bezug auf das Militärwesen und den Bergbau, den er auf die bessere mathematische Ausbildung des technischen Personals zurückführte. Ob als Antwort darauf mag dahin gestellt sein, aber speziell in Frankreich bildete sich zu Ende des 16. Jahrhunderts eine Art angewandter mathematischer Literatur heraus, die in Europa rasche Verbreitung fand, das „illustrierte" Buch der mechanischen Inventionen.[7] Vorbild und Fundgrube für alle weiteren Schriften in dieser Tradition bildeten Jacques Bessons „Théatre des Instruments mathématiques et méchaniques" von 1569 und Agostino Ramellis „Le Diverse et Artificiose Machine" von 1588 (Abb. 2).[8] Der immer gleiche Titel „Theatrum" oder „Schauplatz" instituierte das Theater als Gliederungsprinzip und als leere Form, die auch andere frühneuzeitliche Textkorpora nutzten. Das Theater wurde zum Hauptort der Mnemotechnik, wobei entweder die Bühne oder der Zuschauerrraum wegen ihrer strukturierten Räumlichkeit der enzyklopädischen Aufbewahrung dienten.[9] Die frühen *Theatra Machinarum* folgen in etwa demselben Schema: in schiefer Parallelprojektion gezeichnete, fortlaufend numerierte mechanische Vorrichtungen begleitet ein ebenfalls numerierter Text. Da die Numerierung die unabdingbare Zusammengehörigkeit von Schrift und Bild indiziert, stellen die Zeichnungen auch keine Illustrationen des Textes dar, sondern bilden im Verbund mit dem Text eine Aussage. Der Text greift seinerseits auf das Bild zu, indem er die mit Bezugsbuchstaben markierten Teile der dargestellten technischen Vorrichtung beschreibt. Ausgehend von einem „ersten

7   Vgl. Alexander G. Keller: A Manuscript Version of Jacques Besson's Book of Machines. With His Unpublished Principles of Mechanics. In: On Pre-Modern Technology and Science. Studies in Honour of Lynn White, jr., hrsg. von Bert S. Hall, Delno C. West, Malibu 1976, S. 75.

8   Jacques Besson: Théatre des Instruments mathématiques et mécaniques, Orléans 1569; Agostino Ramelli: Le diverse et artificiose Machine, Paris 1588.

9   Frances A. Yates: Gedächtnis und Erinnern. Mnemonik von Aristoteles bis Shakespeare, 4. Aufl., Berlin 1997, S. 128.

Beweger" von Wind-, Wasser- oder Muskelkräften, die nicht als Bestandteil der Maschine gelten, wird der Übertragungsweg beschrieben.[10] Nach der Tradition italienischer Manuskripte und Skizzenbücher bedient sich das *Theatrum Machinarum* der Schnittzeichnung, der Verdoppelung und der Herauszeichnung von verborgenen Mechanismen. Es findet sich jedoch noch keine regelgeleitete Isolierung von einzelnen Mechanismen, wie sie ausgehend vom Bildrepertoire der Maschinenbücher der Kompilator Leupold betreibt und die Kinematik Monges und Hachettes als Erfindungskunst leisten wird.

Die Regel, nach der isoliert wird, resultiert Willis zufolge aus dem spezifischen Sammlungscharakter der Schaubücher: „They are collections of machines classed and described with reference to the objects for which they are constructed: divided, for example, into machines for raising water, for grinding flour, sawing timber and so on."[11] Maschinen aller Art werden nach dem Zweck ihrer Bestimmung in Sparten eingeteilt; es ist aber vor allem ihre Zusammenkunft an einem Ort, die sie zu einer abzählbaren Menge von Aussagen eines Typs macht. Die Maschinentheater inaugurieren Auffindbarkeit. Zuvor befanden sich Beschreibungen von Maschinen oft in Büchern, die nicht von Maschinen handelten.[12]

Im Falle der Maschinentheater hat man es mit Aussagen zu tun, die über zwei Jahrhunderte hinweg synchron gelesen wurden. Mochte die erste Generation als Adressaten wohlhabende Liebhaber mechanischer Spielereien anvisiert haben, so bildeten sie auch eine Art mechanischen Baukasten, aus dem die nachfolgenden Traditionen ihre Ordnungen errichten. In ihnen sind von Anfang an eine Reihe von Formalismen gegeben, die sich zu einer Klassifizierung von „Maschinen aller Art" anbieten.

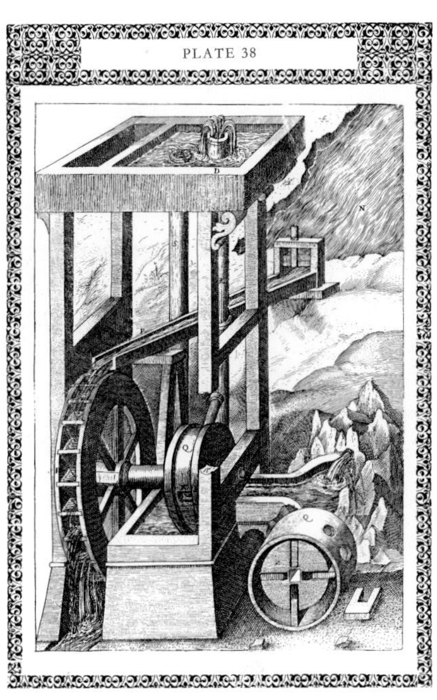

Abb. 2: Agostino Ramelli, Le Diverse et Artificiose Machine, Tafel 38: Wasserkunst, 1588 (Faksimile).

---

10 Jean Pierre Nicolas Hachette (s. Anm. 5), Kapitel 1, S. 9 - 16.

11 Robert Willis: Principles of Mechanism, London 1870, 2. Aufl., S. vii.

12 So findet sich die erste deutschsprachige umfängliche Beschreibung einer Papiermühle als Produktionsbetrieb in einem botanischen Werk in Wolfgang Jacob Dümlers: Erneurter und vermehrter Baum- und Obstgarten/ Nemlich: Eine kurtze/ jedoch deutliche Anweisung zur

Die Historiographie des Buchdruckes, genauer des illustrierten gedruckten Buches, betont die Bedeutung des „exakt reproduzierbaren Bildes".[13] Demzufolge war erstmals im Unterschied zu den von Hand gezeichneten Maschinentraktaten à la Mariano Taccola oder Francesco di Giorgio Martini die fehlerfreie Vervielfältigung von Maschinenbildern und -texten möglich. Die Fehlerfreiheit war jedoch von untergeordneter Bedeutung, denn eine Zeichnung war nicht als Abbild einer vor Augen liegenden Vorrichtung oder gar als Fertigungsvorlage, sondern als bekannt machende Darstellung von mechanischen Vorrichtungen gedacht, deren Verfertigungsregeln zuvor vom Vater zum Sohn, vom Meister zum Gesellen mündlich übertragen wurden. Sie konnte aber auch von vorne herein als Entwurf auf Papier begriffen werden, so etwa Ramellis Entwürfe von Mühlen, die zugleich mahlen und sägen können, um mit dieser Multifunktionalität oder mangelhaften Unterscheidung zwischen Sägemehl und Getreidemehl das Zunftwesen spöttisch zu durchkreuzen und Willis' homogenisierende Retrospektive in Frage zu stellen. Gegenüber der Fehleranfälligkeit von Hand hergestellter Reproduktionen, die sich von Kopist zu Kopist verstärkte, blieb der Druck konstant, sodass Fehler, die auch in den gedruckten Maschinenbüchern zuhauf vorkommen, ebenfalls die gleichen blieben und im Laufe der Zeit verbessert werden konnten.

Die technische Reproduzierbarkeit eröffnete im Genre zudem die Möglichkeit zur Bildung einer Reihe von graphischen und textuellen Formalismen. Obwohl in Europa viele Werke kursierten, blieb das Bildrepertoire schmal. Weil sich die nachfolgenden Generationen der Schaubücher auf die Vorgänger bezogen, blieben die Zeichnungen in ihren markanten Zügen oft über hundert Jahre unverändert. Während sich der pikturale Anteil in seinen Grundzügen gegenüber Abwandlungen einigermaßen stabil erwies, wurden die auf das Bild zugreifenden Beschreibungen immer neu verfasst. Schon eine Übersetzung war eine

<hr>

Baumgärtnerey und Peltzkunst von 1664. „Diese Plazierung", schreibt Günther Bayerl, „erklärt sich aus der Natur des Rohstoffes Flachs: im 17. Jahrhundert sind die Zusammenhänge zwischen einem Produkt und den pflanzlichen, mineralischen und tierischen Ausgangsstoffen seiner Herstellung noch sehr bewußt und der Dreischritt Flachs-Leinen-Papier taucht vielfach in der Literatur auf." Günter Bayerl: Die Papiermühle. Vorindustrielle Papiermacherei auf dem Gebiet des alten deutschen Reiches - Technologie, Arbeitsverhältnisse, Umwelt, Bd. 1, Frankfurt/M., Bern, New York, Paris 1987, S. 175.

13   Vgl. William M. Ivins, jr.: Prints and Visual Communication, Cambridge Mass., London 1973.

14   Vgl. Jacob Leupold: Theatrum Machinarum Generale, Bd.3, Leipzig 1724, Reprint: Düsseldorf 1982, Widmung, ohne Pag.

Neuschreibung und Umorganisierung eines Werkes. Hiermit wurde nicht unbedingt eine Präzision gegenüber der ersten Beschreibung erzielt; so bemerkten auch zeitgenössische Texte, dass nachfolgende Beschreibungen an Unschärfe zunahmen. Die vielfach zu findende Klage über „sogenannte Künstler", „Inventionsmeister", „mechanische Helden", die sich zu Beginn des 18. Jahrhunderts auch auf die Bilder ausweitete,[14] ist in diesem Zusammenhang zu sehen. Es kamen jedoch neue Aussagemodi ins Spiel: Text und Bild für den ersten Überblick zusammenführende Register, erklärende Listen der verwendeten „Kunst-Wörter", ferner die Möglichkeit im überlieferten Bildrepertoire durch Umordnung Serien und Synthesen herzustellen. Eröffnete das *Theatrum Machinarum* zunächst einen Ort, an dem Maschinen nach ihrem Zweck versammelt werden konnten und durch das Abkupfern seine Anschlussfähigkeit zu sichern, so produzierte es zu Beginn des 18. Jahrhunderts die Idee einer Systematik der Maschinen.

Es kann nicht genug betont werden, dass Systematisierungen von Maschinen Büchern entstammen, die andere Bücher zitieren, und nicht etwa der unmittelbaren Anschauung oder dem praktischen Umgang mit technischen Vorrichtungen entspringen. Gegenüber zünftigen Handwerkern, die ihr im eigenen Betrieb oder auf der Wanderschaft erworbenes Wissen auf der Traditionskette vom Vater auf den Sohn, vom Meister auf den Gesellen mündlich überliefern und als Erfahrung speicherten, benötigten die den Gelehrtenstatus anstrebenden Kunsttechnologien ortlos neutrale Medien. Damit arrivierte das Maschinenbuch zum Schauplatz von übermittelbarer Systematik. In diesem Prozess entstand die besondere Rolle des Bildes. Vor allem die graphischen Darstellungen, an die sich der Anspruch eines geordneten Vorgehens heftet, wurden neu arrangiert; bevor es zu einer Standardisierung von Maschinen kam, eine Möglichkeit, die zu Willis' Zeit überhaupt erst Gestalt annahm, wurde zunächst das Bild von Maschinen mit all seinen Fehlern oder Richtigkeiten standardisiert. Um exakt reproduzierte Bilder in einem weithin zirkulierenden, einheitlichen Format ‚Theatrum Machinarum', und nicht um Maschinen selbst, gruppierte sich eine entstehende internationale Elite von Gelehrten, Geometern und Arithmetikern.

Das Wissen über Maschinen: Vom Theatrum zur Tabelle

Dass Jacob Leupold für sein vielbändiges Werk noch den Titel *Theatrum Machinarum* wählte, begründete er damit, dass „wie auf einem öffentlichen Theatro [...] " die Gegenstände jedermann „vor Augen gestellet werden" sollten. Aber: „Theils hat man dieses Wort *Theatrum* darum beliebet; weil unter diesem Titul schon unterschiedliche Bücher, die ebenfalls von Machinen handeln, fast iedermann bekannt sind."[15] Der Mathematiker Leonhard Christoph Sturm, Verfasser der 1718 erschienenen „Vollständige[n] Mühlen-Baukunst", entdeckte in den Maschinentheatern so gravierende Fehler, dass aus ihnen „doch keiner so viel lernen wird; daß er auch die geringste Korn-Mühl zu bauen sich unterstehen dörffte."[16] Sturms Kritik bezog sich auf die Darstellungstechnik, seiner Empfehlung nach sollte die perspektivische Darstellung durch bemaßte Grund- und Aufrisse ersetzt werden. Zudem sei keine der dargestellten Maschinen wegen der „vielerley *Compositiones* und *Multiplicationes* der Rüst-Zeuge [...], die zu der Praxis nicht das Geringste nutzen", wirklich einsatzfähig.[17] Belehnte Leupold nur noch das Etikett, so wollte Sturm eine als Fertigungsvorlage taugliche Maschinenzeichnung einführen. Keineswegs zufällig artikulierten sich Bruchpunkte gerade am pikturalen Format.

Leupold und Sturm tragen an das Maschinenbuch ein Erkenntnisinteresse heran, dessen Herkunft im Absolutismus begründet liegt. Die Idee einer vollständigen Erfassung der Künste und Handwerke stammte von Colbert und Huygens. Colbert intendierte eine Art technisch-industrielle Enzyklopädie, sie sollte die Beschreibung sämtlicher Künste und Handwerke enthalten, damit diese von Gelehrten auf wissenschaftlicher Grundlage verbessert werden und so zum Nutzen des Staates beitragen konnten. Er beauftragte 1675 die Pariser Akademie der Wissenschaften mit der Erstellung eines solchen Werkes, das schließlich René Antoine Ferchault de Réaumur unter dem Titel „Description des divers arts et métiers" ab 1711 realisierte.[18] Auch in Deutschland wurde seit Ende des 17. Jahrhunderts der Anspruch laut, wirtschaftlich-technische Probleme in den akademischen Lehrkanon einzubeziehen. In diesem Kontext entstanden die zahlreichen „Schauplätze" der Künste und Handwerke. Von nun

---

15 Jacob Leupold (s. Anm. 14), Vorrede, unpaginiert, Hervorhebung im Original.
16 Leonhard Christoph Sturm: Vollständige Mühlen – Baukunst, Leipzig 1718, Vorrede, unpaginiert.
17 Leonard Christoph Sturm (s. Anm. 16).

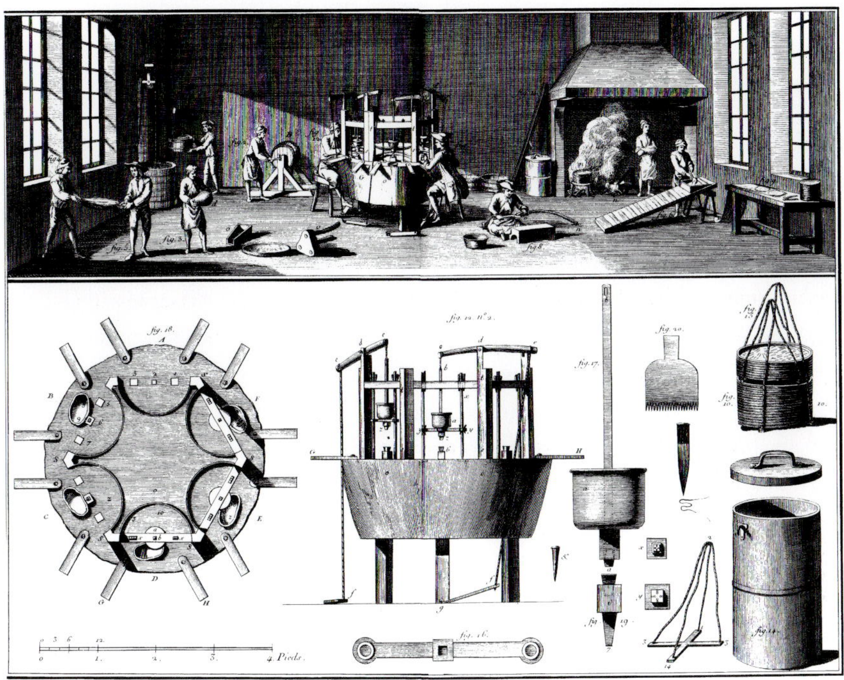

Abb. 3: Denis Diderot/Jean Le Rond D'Alembert, Encyclopédie ou Dictionnaire Raisonné des Sciences, des Arts et des Métiers, Nadelmacherei, 1751 – 1780.

an gaben die Werkstatt, die Manufaktur, die Fabrik und nicht mehr das *Theatrum* den Schauplatz der Maschinen ab. Technik hörte auf, ein Schauspiel zu sein; von nun an prägten Rationalität, Effizienz und Arbeit den Maschinendiskurs.

Ein zur Legende gewordenes Beispiel stellt die Beschreibung der Nadelmacherei dar (Abb. 3), die sowohl in Diderots und D'Alemberts „Encyclopédie" als auch in der „Description" zu finden und von einem Topos technischer Literatur zum Paradigma moderner Technik selbst aufgerückt ist. Sie geht zurück auf Jean-Rodolphe Perronet, den theoretischen Kopf der 1747 gegründeten École des Ponts et Chaussées. Von ihm stammen zwei Beschreibungen von kleinen Betrieben in L'Aigle, der in der Normandie gelegenen Hochburg der französischen Nadelfabrikation.[19] Wie fast ein Jahrhundert später Charles Babbage ließ sich Perronet vom Studium der Arbeitsabläufe in Manufakturen zu

18 Es erscheint nach Reaumurs Tod unter dem Titel „Description des divers Arts et Métiers" in 121 Teilen mit über tausend Kupferstichen von 1761 – 1789 unter der Herausgeberschaft von Duhamel Du Monceau; eine deutsche Übersetzung durch den Kameralisten Johann Heinrich Gottlieb von Justi mit dem Titel „Schauplatz der Künste und Handwerke, oder vollständige Beschreibung derselben, verfertiget oder gebilligt von den Herren der Academie der Wissenschaften zu Paris" wird kurz darauf, 1762, nach und nach veröffentlicht.

19 Im Archiv der École des Ponts et Chaussées befinden sich zwei Manuskripte Perronets: Explication de la façon dont on reduit le fil de laiton à différentes grosseurs dans la ville de Laigle,

einer Gliederung seiner territorialen Großprojekte inspirieren. Perronet führte
seine Arbeit nicht im geschlossenen Raum der Manufaktur durch, sondern an
wechselnden Orten im Freien mit ungebildeten Kräften, ortsansässigen Bau-
ern. Sein Blick war der eines inspizierenden Technikers. Die Manufaktur wird
wie eine mechanische Vorrichtung dekomponiert und rekomponiert, Perronets
Beschreibungstechnik zerlegt die Werkzeuge, die Handgriffe der Arbeiter, die
Verwandlung von importierten Rohstoffen in inländische Waren, um sie in
Zeichnungen, tabellarischen Auflistungen und Rechnungen erneut miteinander
zu korrelieren. Genau dieser Blick in seiner nachträglichen Bearbeitung, seit
der „Description" gebräuchliche Darstellungsform technischer Abläufe, wurde
von allen frühen technologischen Werken übernommen.
Die Vignette (vgl. Abb. 3) zeigt mehrere Arbeiter bei ihren Tätigkeiten in einem
Raum, im unteren Teil sind Maschinen, Arbeitsgeräte, Werkzeuge und sonstige
Details herausgezeichnet. D'Alembert beschreibt diese Vorgehensweise in der
Einleitung in die „Encyclopédie": „Eine einzige Kunst würde für ihre vollständige Darstellung und Besprechung Bände von Abhandlungen und Schemen ver-
langen. Die Absicht, in Zeichnungen jeden Schritt von der Umformung des
Eisens bis zur fertigen Nadel wiederzugeben, würde ins Endlose führen. Wenn
die Abhandlung der Arbeit des Handwerkers bis in die kleinste Einzelheit folgen
kann – meinetwegen! die [sic!] bildlichen Darstellungen jedoch haben wir auf
die wesentlichen Bewegungen des Arbeiters und ausschließlich auf die Momen-
te der Tätigkeit beschränkt, die einfach zu zeichnen, aber äußerst schwierig zu
erklären sind. Wir haben uns dabei an die Hauptumstände gehalten, deren
gelungene Wiedergabe zwangsläufig die Kenntnis der nicht sichtbaren Vorgänge
zur Folge hat."[20]
D'Alembert verschweigt, dass diese Darstellungsweise keineswegs von den
aufklärerischen Enzyklopädisten erfunden, sondern als „visuelle Strategie" von
Gelehrten des Ancien Régime entwickelt wurde.[21] Die Texte der „Description"

1739, E.N.P.C. Ms 2383 und: Description de la façon dont on fait les épingles à Laigle en
Normandie, 1740, E.N.P.C. Ms 2385. Vgl. Antoine Picon: Architectural and technical design
in eighteenth century France. In: Dresdener Beiträge zur Geschichte der Technikwissenschaften, Heft 23/1, 1994, S. 45 - 52, s. Anm. 9.

20 Jean Le Rond D'Alembert: Einleitung zur Enzyklopädie (1751), hrsg. von Erich Köhler,
    Hamburg 1955, S. 229.

21 Zwischen 1759 und 1760 war Reaumurs Verdächtigung, die Enzyklopädisten hätten einige
    ihrer Tafeln nach Stichen der „Descriptions" fertigen lassen, die durch den Schlendrian oder

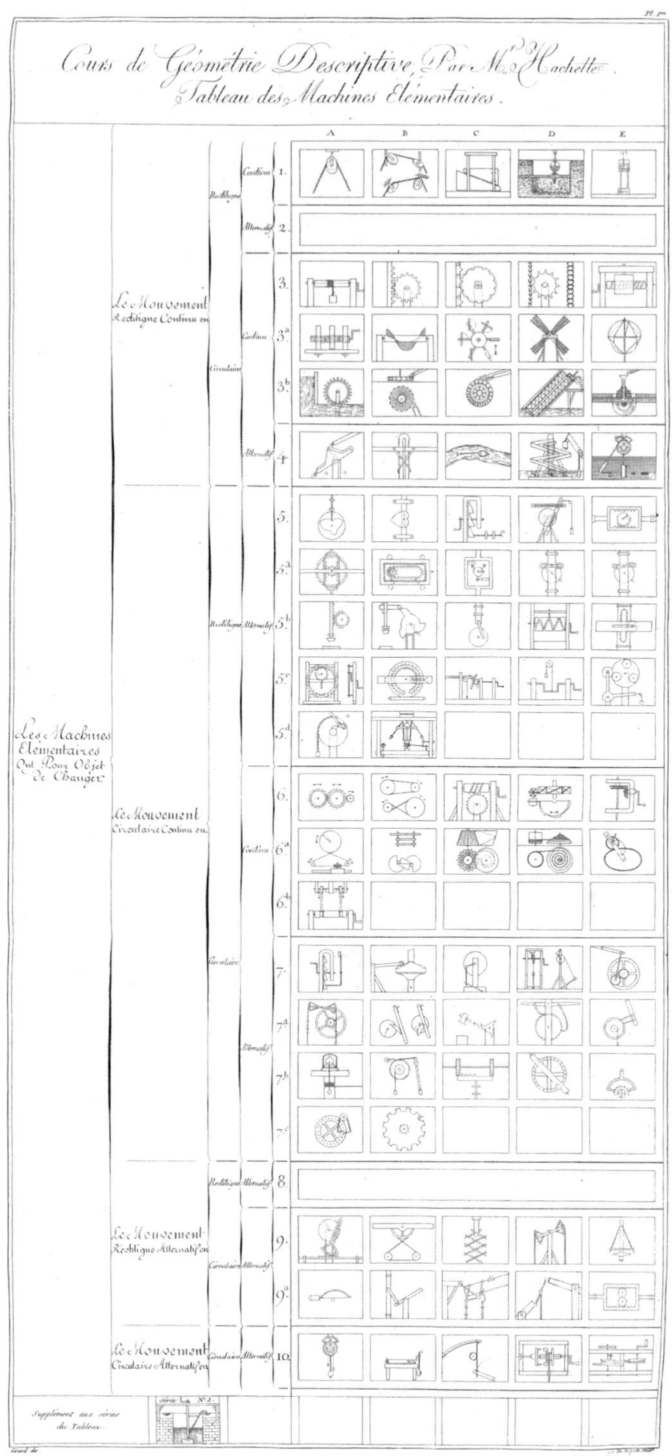

Abb. 4: Jean Pierre Nicolas Hachette, Traité élémentaire de machines, Tafel der machine élémentaire, 1811.

stellten eine Kompilation aus *memoirs*, *traités* und Manuskripten verschiedener Provenienz dar, wobei der pikturalen Darstellung die Standardisierung dieses heterogenen Materials oblag. Dabei schreibt sich der überwachende Blick eines am Geschehen selbst unbeteiligten Betrachters dem Gegenstand der Beobachtung ein und evoziert nachträglich den Eindruck von Überschaubarkeit, Rationalität und Effizienz. Sowohl das *Theatrum*, als auch der panoptische Blick in die Manufaktur vermittelten dem Leser das Wissen von Maschinen über ihre Lokalisierung in architektonischen Räumen. Hachettes „Traité élémentaire", das Monges „Géométrie descriptive" darin nacheifert, ein Wissensgebiet in einem einzigen Lehrbuch erschöpfend darzustellen, komprimiert das überlieferte Bildrepertoire zu einer Tabelle (Abb. 4): „Ce tableau comprend dix séries; chaque série renferme un certain nombre de machines qui sont dessinées dans des petites cases: on désigne chaque case, comme un nombre de la table de Pythagore, par le chiffre correspondant à la série, placé sur une colonne horisontale, et par une de lettres A, B, C, D, etc., placée sur une colonne verticale; ainsi la case 1 *D* est à la rencontre de l'horisontale menée par le chiffre 1, et de la verticale abaisée du point *D*."[22]
In den leeren Kästchen der Tabelle finden die zu miniaturisierten Umrisszeichnungen reduzierten schiefen Parallelprojektionen als *machines élémentaires* ihren Platz. Der zuvor mittels Bezugsbuchstaben an sie geheftete Text wird an den Rändern der Tabelle situiert, wobei Hachette eine von Leupolds Modellbildungen zur begrifflichen Unifizierung mechanischer Vorrichtungen, die Umwandlung einer Bewegungsart in eine andere, zum Programm erhebt.[23] Dass Hachette als graphisches Gliederungsprinzip eine mathematische Tabelle, die *tabula pythagorica*, die quadratische Multiplikationstabelle für das kleine Einmaleins, wählt, ist darauf zurückzuführen, dass das Maschinenwesen der

die Indiskretion der Stecher vor der Veröffentlichung in die Hände des Konkurrenzunternehmens gelangt waren, Thema mehrerer Sitzung der Pariser Akademie. Zum Begriff der „visuellen Strategie", vgl. Horst Bredekamp: Thomas Hobbes' visuelle Strategien. Der Leviathan: Urbild des modernen Staates, Berlin 1999.

22 Jean Pierre Nicolas Hachette (s. Anm. 5), S. 8. Hachette gibt die Quellen an, aus denen er Bildmaterial entnimmt, vgl. ebd., S. xvi f.

23 Im ersten Band seines *Theatrum* gib es fünf Paragraphen, die die zwei Möglichkeiten „durch Circular-Bewegung eine gerade zu machen" und „durch gerade Bewegung eine runde zu machen" durchspielen, für erstere destilliert Leupold aus dem technischen Schrifttum fünf Arten und für letztere sechs Arten heraus, vgl. Jacob Leupold (s. Anm. 14), Bd. 1, S. 85 - 90, Tafel 25 u. 26, § 185 - 189.

Mathematik, und nicht mehr, wie vorher üblich, der Architektur unterstellt werden sollte. Hatte Monges deskriptive Geometrie die Architekturzeichnung mathematisiert, um sie in euklidischer Manier den Ingenieuren als Einschreibefläche, als ihr Paradigma zuzueignen, so folgte ihm Hachette auf der Spur, indem er sich mit seiner tabellarischen Kombinatorik in der Tradition von Boethius bewegte.[24]

Hachettes Tableau fand rasche Verbreitung in Europa. Es rief vor allem Versuche auf den Plan, aus den nicht weiter hierarchisierten *machines élémentaires* Gruppen und Serien, Klassen und Unterklassen zu bilden. Der auf Vollständigkeit hin angelegte, zur Kombinatorik einladende Graphismus der Tabelle zwang zu einem intensiven Studium mechanischer Vorrichtungen. Die leer gebliebenen Kästchen fordern dazu auf, gefüllt zu werden. Um ihre schweigende Leere, die Hachette in der der Tabelle angehängten Legende absichtsvoll mit der Formel „Man kennt keine Maschine, die eine Bewegung x in eine Bewegung y umwandelt" umschreibt,[25] versammelte sich die technische Intelligenz des 19. Jahrhunderts. Robert Willis wird nach einem knappen halben Jahrhundert des Gebrauchs tableauförmiger Anordnungen das Bewegungsspiel von Bauteilen mit dem Denkprozess des Konstrukteurs kurzschliessen. Willis, der mit den Schriften George Booles vertraut war, erfand einen Konstrukteur, der denkt, bevor er baut. Dieser Konstrukteur untersteht aber auch einem anderen technischen Paradigma, das zwar nicht seinem eigenen Denken entsprungen ist, für das er aber die Bezeichnung „Pure Mechanism" parat hat.[26] Als der Maschinenbau um die Mitte des 19. Jahrhunderts von Holzkonstruktionen auf spanende Metallverarbeitung umstellte, stand das Thema der Präzision an. Von

---

24 Die *tabula pythagorica* war gebräuchlich in mittelalterlichen Frühdrucken und verschiedenen Ausgaben von Boethius' Arithmetik, deren erste gedruckte Ausgabe unter dem Titel: Arithmetica Boeij 1488 bei Erhard Radolt, der Offizin für mathematische Werke in Augsburg erschien. Die letzte bekannte gedruckte Ausgabe erschien 1521 in Paris.

25 Jean Pierre Nicolas Hachette (s. Anm. 5).

26 Robert Willis (s. Anm. 2), S. xii. Der Begriff geht zurück auf Willis' Freund und Fachkollegen William Whewell, der 1833 den Ausdruck „scientist" erfand und wenig später von Willis' Freund Michael Faraday in Fragen eines wissenschaftlichen Vokabulars für dessen Entdeckungen konsultiert wurde, vgl. William Whewell: The Philosophy of the Inductive Sciences, Founded upon their History, Bd. 1, London 1840, S. 144ff., zu Whewells Neologismen, vgl. Simon Schaffer: The History and Geography of the Intellectual World. Whewell's Politics of Language. In: William Whewell: A Composite Portrait, hrsg. von Menachem Fisch, Simon Schaffer, Oxford 1991, S. 201 - 233, S. 212 f.

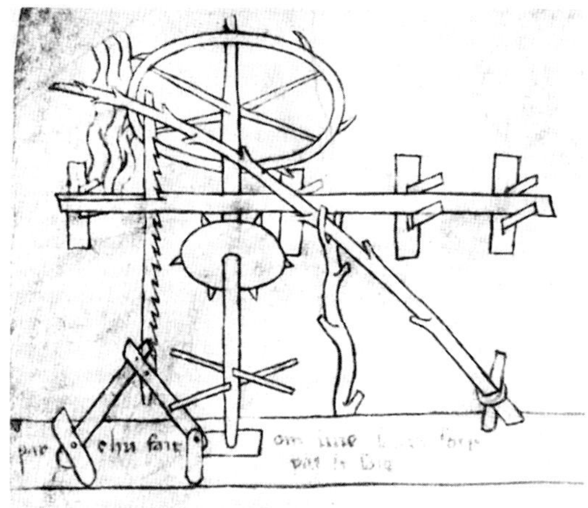

Abb. 5: Villard de Honnecourt, Skizzenbuch, Sägemühle,
13. Jhdt., (Faksimile).

nun an interessierte nicht mehr die „scharfsinnige" Kombination von Maschinenelementen, sondern das Thema der Berührung von präzise gearbeiteten Teilen: aufeinander reibende hölzerne Konstruktionen geben sich durch Abschleifen selbst ihre Form, während aufeinander reibendes Metall alsbald teuren Schrott produziert hätte. Daher basierte Willis' eigene Klassifizierung auf dem Kontakt, den zwei sich berührende Maschinenteile haben, wobei der denkende Konstrukteur mit dem Mathematiker gleichauf sein musste, der er seit Monge zumindest auch zu sein hatte; denn er musste imstande sein, Maschinenelementen vorab eine mathematische Form zu geben. Indem Willis' Lehrbuch von der Kombination zur Konstruktion umschwenkte, machte es die als Fertigungsvorlage taugliche Maschinenzeichnung zum epistemologischen Fundament der Ingenieurwissenschaft.

Bilder in technischen Prozessen
Über die pikturalen Graphismen wird zudem ein historischer Index in das Maschinenwesen gelegt. Der vielseitige Willis, der als Historiker gotischer Sakralarchitektur sämtliche Traktate und Handschriften europäischer Baumeister systematisch in seiner Bibliothek sammelte und von schwer zugänglichen Manuskripten sorgfältige Abschriften anfertigte, hatte das Skizzenbuch Villard de Honnecourts 1859 ins Englische übersetzt und als Faksimile herausgegeben.[27] Unter den Zeichnungen Villards befand sich auch die berühmte Sägemühle (Abb. 5).
Willis verwendete sie in der 1870 erschienenen zweiten Auflage der „Principles of Mechanism" zur Visualisierung der Funktionsweise seiner an Babbage orientierten *mechanical notation*, welche er zum konstitutiven Bestandteil seiner Maschinenlehre ausbaute. Mag zwar Villards Zeichnung nach dem Postulat der Geschichte technischer Zeichengeräte dem Reich der „toten Zeichnung" zugehören,[28] so lebte sie in Willis' historisierender Verwendung als tabellarische Verräumlichung weiter. Anders als im Falle der Überlieferung des technischen Bildrepertoires durch Abkupfern, das eine Systematik der Maschinen als Effekt

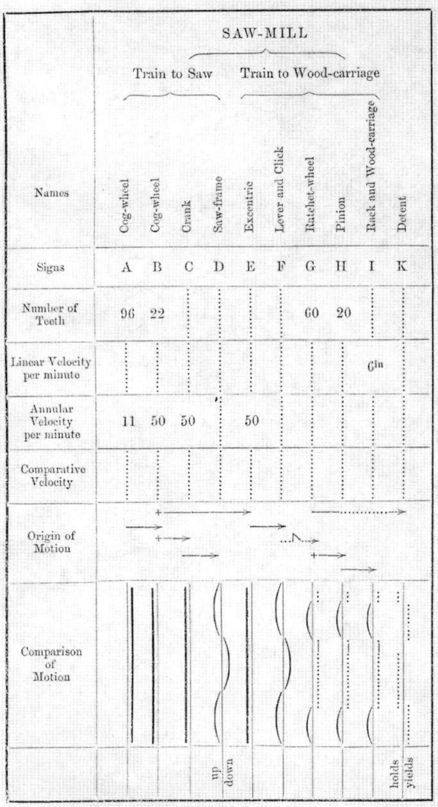

einer Kompilation, sozusagen als Selbstanalyse des Printmediums erzeugt, spannte Willis mit der Anspielung auf eine mittelalterliche Zeichnung bei der Darstellung neuesten Wissens einen historischen Rahmen um technische Aussagetypen. Vorbild für dieses Vorgehen war die Weise der Überlieferung, wie sie Leon Battista Alberti in seinem Architekturtraktat etwa anhand der Ruinen Roms als Speicher von Formen empfahl.[29] Der Konstrukteur oder Baumeister muss sich darauf verstehen, an älteren Formen zu lernen, aber auch das Alte mit dem Neuen zu vereinbaren. Willis' Einführung einer neuen Form der diagrammatischen Darstellung technischer Abläufe im Rekurs auf eine ältere Aussageform wollte damit auch auf die Überlegenheit der neuen Form gegenüber der älteren verweisen. Auf diese Weise wurde allein über die pikturalen Graphismen Wissen und zugleich ein neues Epochenbewusstsein erzeugt (Abb. 6).

Umgekehrt fand die von Willis für das technische Aufschreibesystem für unzeitgemäß erklärte Methode der tabellarischen Auflistung von Maschinenelementen Eingang in die Architekturgeschichtsschreibung. Willis gehörte neben Thomas Rickman und William Whewell einer Gruppe von Historikern an, die den auf dem Wissensmodell der Kennerschaft basierenden, englischen Architekturdiskurs geometrisch-technisch fundamentieren wollte. Nikolaus Pevsner zufolge entwickelte er ein *framework*, das gotische Sakralarchitektur –

Abb. 6: Robert Willis, Principles of Mechanism, mechanical notation, 1841.

Names	SAW-MILL									
	Train to Saw				Train to Wood-carriage					
	Cog-wheel	Cog-wheel	Crank	Saw-frame	Excentric	Lever and Click	Ratchet-wheel	Pinion	Rack and Wood-carriage	Detent
Signs	A	B	C	D	E	F	G	H	I	K
Number of Teeth	96	22					60	20		
Linear Velocity per minute									6ⁱⁿ	
Annular Velocity per minute	11	50	50		50					
Comparative Velocity										
Origin of Motion										
Comparison of Motion										

---

27 Robert Willis: Fac-Simile of the Sketch-Book of Willars de Honnecourt, an architect of the thirteenth century, with commentaries and descriptions by M.J.B.A. Lassus and by M.J-Quicherat, London 1858.

28 Maya Hambly: Drawing Instruments 1580-1980, London 1988, S. 11. Für tot erklärt wird die Methode, mittels eines Stylus auf einer gewachsten Oberfläche (velum) oder einem Pergament Einritzungen von Linien vorzunehmen, welche mit Ochsengallustinte ausgefüllt werden.

29 Leon Battista Alberti: Zehn Bücher über die Baukunst, übers. von Max Theuer, Darmstadt 1991, Buch VI.12, S. 337.

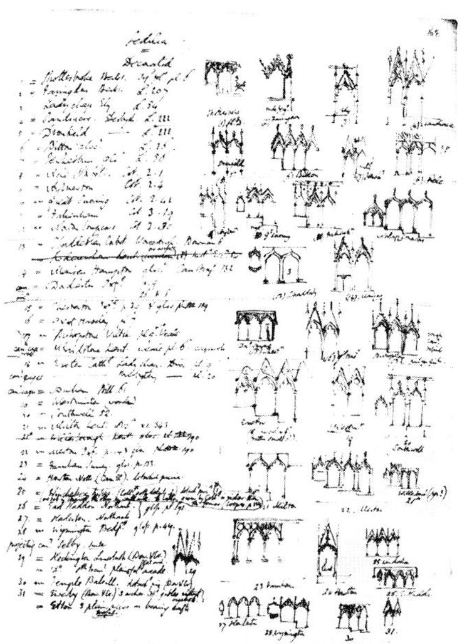

Abb. 7: Robert Willis, Skizzenbuch, Gebäudeele-
mente, um 1840.

Willis' Spezialgebiet war Italien, „where he had evidently studied and recorded hundreds of churches" – nach einem dreigliedrigen Schema typisierte. In seinem Skizzenbuch arrangierte er Teile von Gebäuden in miniaturisierten Zeichnungen „not topographically but by elements".[30] Willis' Versuch, Bauwerke, die nicht aus den *arti del disegno*, sondern aus einer Memorialkultur und mündlichen Übermittlung hervorgingen und somit keine stilistische Konformität, wie sie allererst Fertigungsvorlagen produzieren, besaßen, mittels der tabellarischen Methode nachträglich zu unifizieren, verdeutlicht gerade in dieser Übertragung auf ein anderes Gebiet und auf eine historisch zurückliegende Epoche den Charakter der pikturalen Graphismen der Technik. Das Format des Skizzenbuches, das dem gotischen Baumeister als Erinnerungshilfe, als Aktualisierung seiner Autopsie diente, geriet bei Willis zum Schauplatz einer Prototypisierung.

Genau das leisten pikturale Formate auf dem Register des Maschinenwesens. Nicht die technische Vorrichtung selbst, sondern ihre Darstellung auf Papier gibt vor, was unter einer Maschine zu verstehen ist. Dabei unterliegen technische Graphismen im 19. Jahrhundert einer zweifachen historischen Rekursion: Das akademische Wissen vom Maschinenwesen, wie es etwa Monge und Willis konstituieren, stellt eine Umschrift oder Umgruppierung der Tradition der *Theatra Machinarum* dar, die ihrerseits erste mittelalterliche und frühneuzeitliche Traktate umgeschrieben hat. Im Zuge dieser Umschriften entsteht ein Maschinenbegriff, der unterschiedliche technische Vorrichtungen standardisiert, als „machines en générale" anzuschreiben erlaubt und damit die Normierung des Maschinenwesens in den folgenden Jahrhunderten antizipiert.[31]

---

30   Nikolaus Pevsner: Robert Willis, Northhampton (Mass.) 1970, S. 11.
31   Lazare Nicolas Marguerite Carnot: Essai sur les machines en génerale, Dijon, Paris 1786.

Martin Warnke

Raumgreifende Graphik*

Wenn wir militärtheoretische Traktate des 16. und 17. Jahrhunderts aufschlagen, finden wir immer wieder Dispositionen, die so gut wie raum- und zeitlos erscheinen. Im Manual von Johann Jakob Wallhausen aus dem Jahre 1616 sind die Truppen wie Bauklötze über die Landschaft verteilt (Abb. 1).[1] Im Vordergrund findet man eine natürliche Landschaft mit Hügeln, Tälern, Gebüsch und Fluss; im Hintergrund ein Gebirge, auf dessen höchste Gipfel Burgen gesetzt sind. Doch das Gelände, das die militärischen Formationen, die „Tercios" mit den Lanzen, aufgenommen hat, scheint sich auf die Ordnung der Truppen nicht auszuwirken: Die Flügel werden von langen Rechteckblöcken gebildet, zwischen denen sich Vierer- und Dreiergruppen sowie kompaktere Riegelpaare parallel zueinander aufgestellt haben. In den Zwischenräumen agieren die Offiziere oder Feldherren und deren Personal. Das Heer präsentiert sich ganz im Sinne einer *Ars militaria*, der vordringlich ist, dass die militärischen Formationen in einer geometrischen Ordnung erscheinen, die prästabiliert wirkt. In dem Militärischen Lehrbuch des Antonio Valperga von 1653 ist eine ideale *Fronte di Battaglia* vorgestellt (Abb. 2),[2] in der es vor allem darauf anzukommen scheint, dass sich ein schmuckes Ornament von Quadraten und rahmenden Riegeln ergibt und sich das Ganze wie ein gezeichneter Schmetterling über die Erde legt. Diese entbehrt jeglicher Eigenschaften, sie ist vorne und im Hintergrund eingerahmt von bewachsenen und besiedelten Hügeln, doch in ihr selbst ist jegliche landschaftliche Bildung ausgeblendet. Eine sehr differenzierte

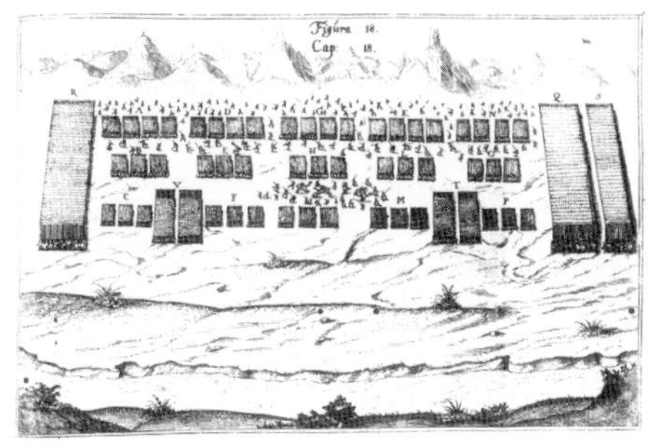

Abb. 1: Truppenformationen nach J. Wallhausen, 1616.

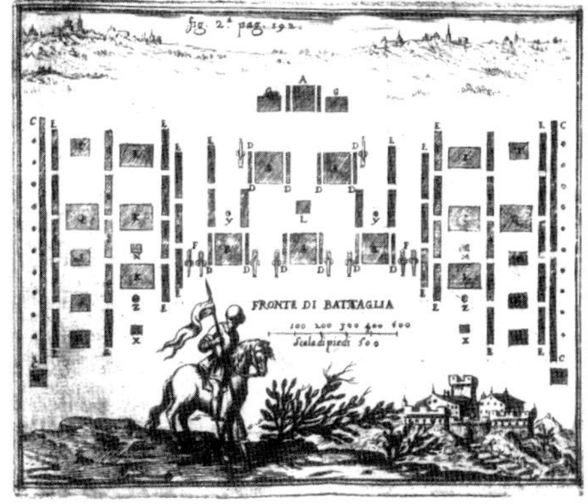

Abb. 2: Schlachtordnung nach A. M. Valperga, 1653.

---

* Reinhold Brinkmann zum 65. Geburtstag
1 Johann Jakob Wallhausen: Manuale Militare oder Kriegs Manual, Frankfurt am Main 1616, Beiband II. Zur allgemeinen Entwicklung vgl. Volker Schmidtchen: Kriegswesen im späten Mittelalter. Technik, Taktik, Theorie, (Acta Humaniora), Weinheim 1990.
2 Antonio Maurizio Valperga: Essercitio Militare, Neapel 1653, S.192.

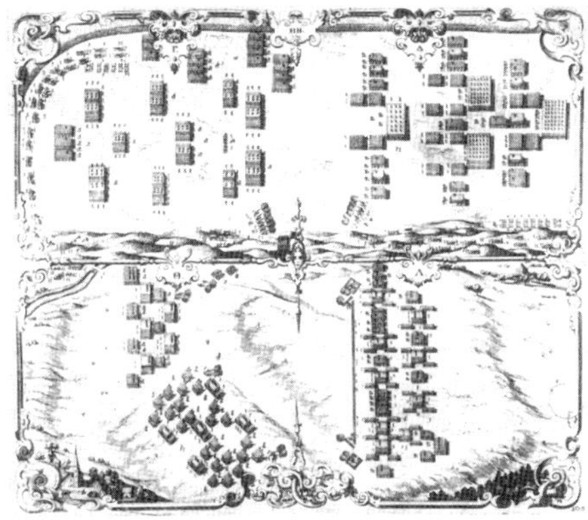

Abb. 3: Schlachtordnungen nach W. Dilich, 1689.

Schlachtenplanung bietet das Lehrbuch des Wilhelm Dillich vom Jahre 1689, in der das Gelände andeutungsweise als hügelig charakterisiert ist, doch ohne dass dadurch irgendeine Frontlinie schief verlaufen oder ein Mannschaftsquadrum sich verzerren müsste (Abb. 3).[3] Man darf sicher sein, dass diese Militärs in der Praxis die landschaftlichen Umstände durchaus in Rechnung zu stellen wussten; doch wird in der graphischen Wiedergabe eine intakte Ordnung vorgeführt und dabei werden alle naturalen Unregelmäßigkeiten der Landschaft neutralisiert, so als sei überall Exerzierplatz. Selbst dann, wenn man etwa die Schlachtordnung der christlichen und türkischen Armada bei der Schlacht von Lepanto darzustellen hatte, hat das wogende Wasser keine Chance, die geometrischen Figuren, in denen sich die Schiffsreihen gegenübergelegen haben, durcheinander zu bringen oder auch nur zu irritieren (Abb. 4).[4] Hier ebenso wie bei den Landordnungen à la Dillich fehlt auch ganz das Moment der Zeit: Die Formationen stehen sich regungslos, gleichsam eingefangen von den ornamentalen Mustern, gegenüber. Kaum ist vorzustellen, dass sich einige der Elemente dieses Musters aus ihrem ornamentalen Kontext lösen, um das gegnerische Muster zu vernichten; es ist eine fixierte Ordnung. Im Heeresgeschichtlichen Museum zu Wien gibt es eine kolorierte Federzeichnung mit der Kaiserlichen Schlachtordnung bei Lützen, wo man König Gustav Adolf am 14. November 1632 gegenübertrat (Abb. 5). Sie zeigt, dass man sich auch in einer bedrängten militärischen Situation zeichnerisch nicht anders ausdrücken konnte, wie es auch die Lehrbücher der Zeit zeigen. Die Zeichnung stammt entweder von Wallenstein selbst oder ist auf seine Anweisung hin gefertigt, um dem kaiserlichen Feldmarschall Pappenheim als Grundlage für seinen Eingriff in die Schlacht zu dienen:[5] Die Regimenter stehen in niederländischer Ordnung, also relativ flach symmetrisch verteilt, das heißt mit identischen Flügeln links und rechts und unter Ausblendung aller

3 Wilhelm Dilich: Hochvernünfftig gegründet- und auffgerichtete…Kriegs – Schule, Frankfurt am Main 1689, S.100.

4 Mercklicher Schiffstreit und Schlachtordnung bey der christlichen und Türckischen Armada, abgebildet bei Wolfgang Harms (Hg.): Deutsche illustrierte Flugblätter des 16. und 17. Jahrhunderts, Bd. 4, Tübingen 1987.

5 Vgl. Ausstellungskatalog ‚Wittelsbach und Bayern', München/Zürich 1980, Bd.II/2, Nr. 696.

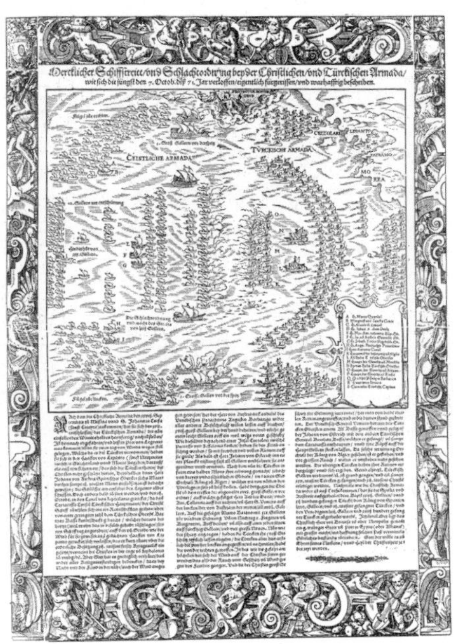

Abb. 4: Die Schlachtordnung der christlichen und türkischen Schiffe bei der Seeschlacht von Lepanto.

topographischen Daten, so als schwebten sie wie Vogelschwärme in unbewegter Luft; Pappenheim sollte dann wohl nur überblicken, wo diese prästabilierte Ordnung während des Kampfes gefährdet war, um ebenda korrigierend eingreifen zu können.

Setzt man hiergegen die berühmte „Schiefe Schlachtordnung", wie sie Friedrich der Große selbst 1746 auf einem Blatt als Instruktion für seine Generale gezeichnet hat (Abb. 6), so bemerkt man auf den ersten Blick das Neuartige, das hier zutage tritt: Friedrich missachtet die Symmetrie, die ausgewogene Schlachtordnung, er stellt seine Mannen zunächst wie der Gegner auf, auf den Flügeln Kavallerie, in der Mitte die Front der Infanterie. Schief wird die Ordnung dadurch, dass er vom Hintergrund her oder, wie er sagt, „maskiert" den rechten Flügel durch „cegonde ligne" verstärkt.[6] Friedrich beschreibt den Plan selbst: „Man versagt dem Feind einen Flügel und verstärkt den anderen, der zum Angriff bestimmt ist. Dieser greift einen Flügel des Feindes mit aller Kraft an, und zwar in der Flanke. Eine Armee von 100.000 Mann kann, in der Flanke gefasst, von 30.000 Mann geschlagen werden; denn die Schlacht wird dann rasch entschieden. Siehe den Plan."[7] Die Finesse dieser Taktik besteht offensichtlich darin, dass der König sich nicht geniert, in einem verschobenen Ordnungsmuster, nicht parallel zu der Front des Feindes anzutreten und einen schiefen Schlachtplan angemessen zu finden. Mit diesem Mut zur „schrägen Ordnung" scheint auch die Bereitschaft zusammenzuhängen, das Supremat der Landschaft anzuerkennen. Eine Skizze Friedrichs des Großen zum Überfall auf Baumgarten im Ersten Schlesischen Krieg 1741 (Abb. 7)[8] zeigt, wie sich die Truppen in den Bergtälern festgesetzt haben: ihre Ordnung folgt den topographischen Vorbedingungen. Was nach Friedrich die Österreicher „gegenwärtig besonders

6 Gustav Berthold Volz (Hg.): Ausgewählte Werke, Berlin 1916, Bd.1, S. 273. Zu der Zeichnung vgl. Katalog ‚Friedrich der Große', Berlin 1986, Nr. III, 99.
7 Gustav Berthold Volz (s. Anm. 6), S.255.
8 Katalog „Friedrich der Große", Berlin 1986, Nr.II, 43a.

auszeichnet, ist die Kunst, stets ein vorteilhaftes Gelände für ihre Stellungen zu wählen und besser als früher die örtlichen Hindernisse zur Aufstellung ihrer Truppen zu benutzen".[9] Von daher ergibt sich für ihn: „Meine erste Regel gilt also der Wahl des Geländes… Schwache Armeen müssen bergige und durchschnittene Gegenden aufsuchen; denn dort ist jedes Gelände beschränkt und die größre Zahl nützt dem Feinde nichts… Wir hätten niemals die Schlacht von Soor (1745) gewonnen, wenn uns das Gelände nicht begünstigt hätte".[10]

Die weiteren Etappen der Entwicklung dieses Darstellungsschemas nach der Französischen Revolution sollen lediglich anhand weniger Zitate aus Clausewitzs „Vom Kriege" beleuchtet werden, das nach seinem Tode 1831 herauskam. Über das „Geometrische, d.h. räumliche Element" schreibt Clausewitz, dass „in der Lehre von den Stellungen und ihrem Angriff (ihre) Winkel und Linien wie Gesetzgeber (herrschen), welche den Streit zu entscheiden haben",[11] aber der Zufall könne die individuelle moralische Kraft solcher Vorgaben hinfällig machen. Clausewitz bringt jenes neue Element ins Spiel, das von Moral, Patriotismus oder Freiheitswillen, durch ideologische Antriebe geprägt ist und das auch topographische Bedingungen neutralisieren kann.[12]

Von diesem Potential ist etwa in Theodor Fontanes Bericht über den Zweiten Deutsch-Dänischen Krieg 1863/1864 um Schleswig-Holstein noch nichts zu bemerken. Fontane gibt seinen Berichten gelegentlich Schemata bei, die er folgendermaßen vorstellt (Abb. 8): „Eh wir zu einer Schilderung dieser einzelnen Aktionen übergehn, versuchen wir den Leser in der nachstehenden Zeichnung – die ihm schließlich das Verständnis der Gefechtsmomente erleichtern wird – zu orientiren. Die Horizontallinie giebt die preußische Aufstellung; die Verticallinie ist der Weg, der von Arnkiel-Oere aus über Rönhof und Kjär nach Sonderburg führt; wo beide Linien sich kreuzen, liegt Kjär, nach rechts und links hin seine Häuserreihe… Alles andere ergibt sich ausreichend aus der Zeichnung selbst."[13] Nämlich, dass die Dänen von dem Hauptquartier Ulkebüll aus drei (erfolglose) „Stöße" (so drückt es Fontane aus) gegen die vorrückenden Preußen führten, einmal östlich an der äußersten linken Flanke der

---

9 Gustav Berthold Volz (s. Anm. 6), S.295.

10 Gustav Berthold Volz (s. Anm. 6), S.254.

11 General Carl von Clausewitz: Vom Kriege, Bonn 1952, S. 301.

12 Clausewitz (s. Anm. 11), sind „der völkische Geist des Heeres (Enthusiasmus, fanatischer Eifer, Glaube, Meinung)" eine „der bedeutendsten moralischen Kräfte im Kriege", S. 254 ff.

13 Theodor Fontane: Der Schleswig-Holsteinsche Krieg im Jahre 1864, Berlin 1866, S.328.

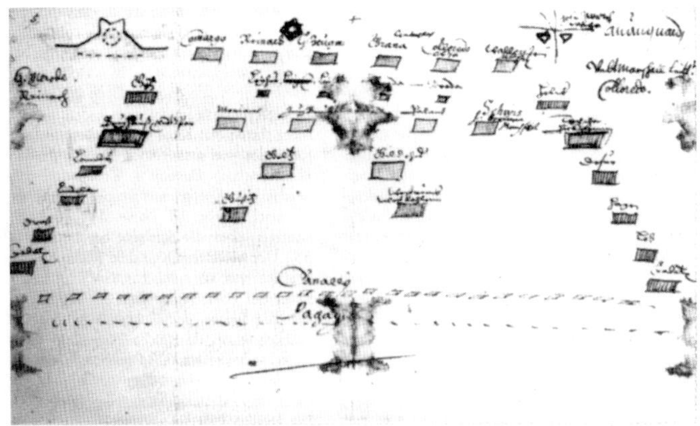

Abb. 5: Die kaiserliche Schlachtordnung bei der Schlacht von Lützen nach einer anonymen Zeichnung von 1632.

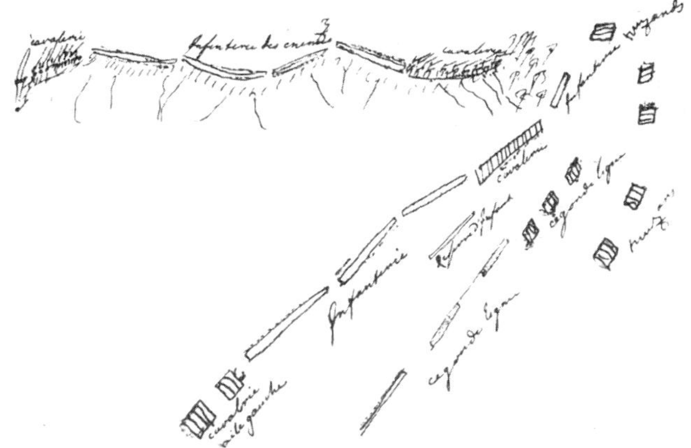

Abb. 6: Eigenhändige Skizze Friedrich des Großen von der „Schiefen Schlachtordnung" aus dem Jahr 1746.

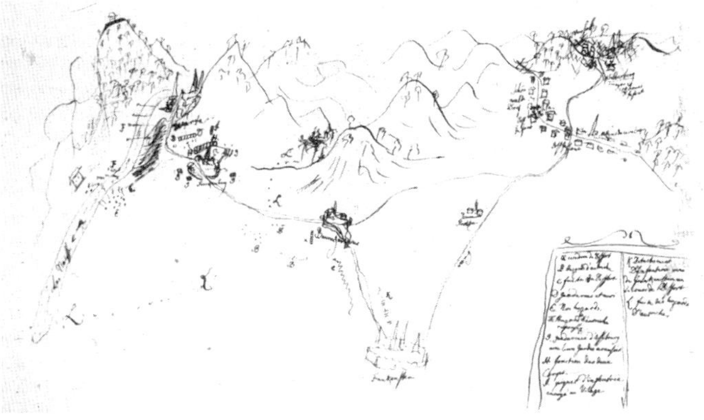

Abb. 7: Eigenhändige Skizze Friedrich des Großen zum Überfall bei Baumgarten, 1741.

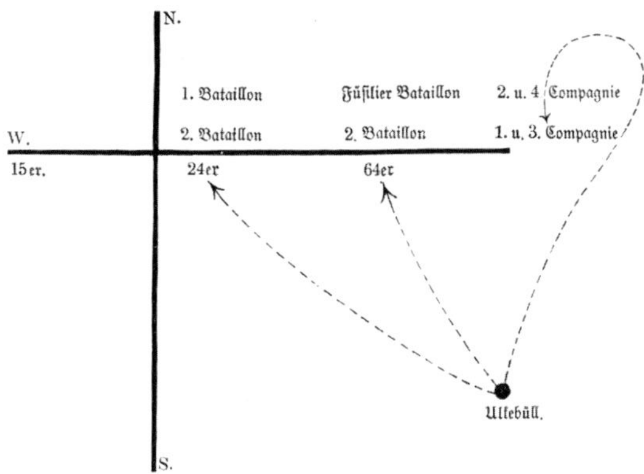

Abb. 8: Schema des Gefechtes der Brigade Roeder im Juni 1864 bei Ulkebüll nach Fontane 1866.

Preußen vorbei, um durch Rückwendung diesen in den Rücken zu fallen, sodann unmittelbar in dem Dorf Kjär und schließlich einen dritten Stoß zwischen die beiden genannten Positionen. Obwohl Fontane von einer großen „Energie des Angriffs"[14] spricht und den Eindruck hatte, dass es „das blutigste Gefecht des ganzen Krieges war",[15] teilt sich dies in der schematischen Zeichnung nicht mit. Die Bewegungen der Kolonnen sind in zart gestrichelten Linien ausgezogen, als handle es sich um Ballettanweisungen.

Es hätte nicht überrascht, wenn im Ersten Weltkrieg zumindest tendenziell eine grundsätzlich neue Entwicklung dieser Form von Kriegsgraphik aufgetreten wäre. Doch der Befund ist nicht so eindeutig, wie man vermuten möchte, auch wenn die Materialgrundlage gerade hier nicht erschöpfend sein kann. Signifikant sind einige Schlachtschemata aus den 1919 erschienenen Erinnerungen von Erich Ludendorff. Grundsätzlich sind alle dort wiedergegebenen Schlachtpläne so angelegt, wie derjenige für die Doppelschlacht an der Aisne und in der Champagne nordöstlich von Reims im Frühjahr 1917 (Abb. 9),[16] der in eine geographische Karte mit starken Linien den deutschen Frontverlauf einträgt: durchgezogen schwarz der gewesene, schwarz gestrichelt der neue, sich nach dem französischen Angriff ergebende Verlauf, der durch kurze, kräftige Pfeile markiert wird. Diese sind im Vergleich zu den bisherigen Beispielen das eigentliche Novum der graphischen Repräsentation. Bei Fontane hatten die Bewegungslinien schon Pfeilspitzen, jetzt aber kommt eine neue Energie auch in den Schaft, der eine zeiträumliche Dimension in die Schlachtgraphik einbringt. Man bekommt durch den zweifachen Frontverlauf nicht nur eine topographisch-räumliche Bezeichnung geliefert, sondern durch die Pfeile auch die energetische Unabwendbarkeit des Stoßes mitgeteilt. Dies wird auch im Schema der Abwehrschlacht zwischen Soissons und Reims vom Juli 1918 (Abb. 10)[17]

14 Theodor Fontane (s. Anm. 13), S. 331.
15 Theodor Fontane (s. Anm. 13), S. 331f.
16 Erich Ludendorff: Meine Kriegs-Erinnerungen 1914 - 1918, Berlin 1919, S. 336.
17 Erich Ludendorff (s. Anm. 16), S. 538.
18 Erich Ludendorff (s. Anm. 16), S. 486.

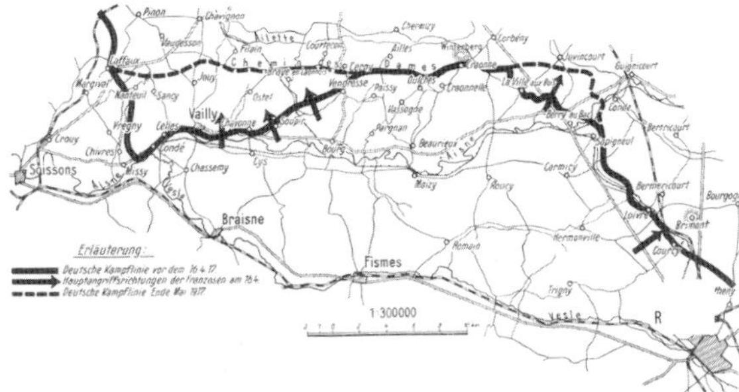

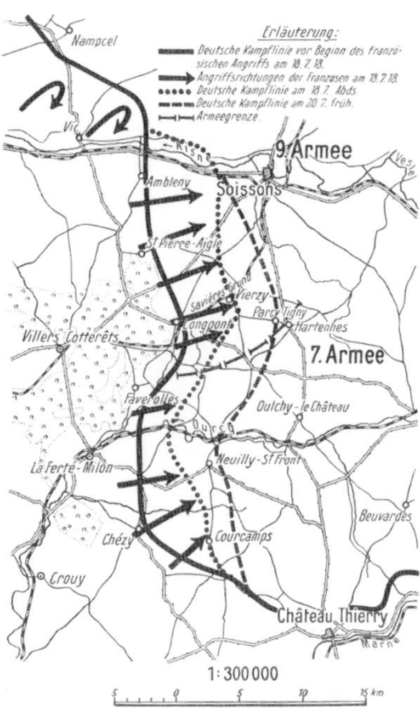

Abb. 10: Kampflinien zwischen Soisson und Reims im Juli 1918 nach Ludendorff, 1919.

Abb. 9: Kampflinien an der Aisne im Frühjahr 1917 nach Ludendorff, 1919.

deutlich, wo nun die Angriffswucht der Franzosen durch eine dichte Sequenz von Pfeilschüssen (so könnte man sagen) veranschaulicht wird. In dieser Hinsicht unterscheiden sich feindliche Angriffe nicht von den deutschen: Die nicht sehr erfolgreiche deutsche Gegenoffensive Ende März / Anfang April 1918 bei Armentières und um den Kemmel (Abb. 11)[18] wird durch die gleichen Pfeile festgestellt (die erreichte Front ist gestrichelt gegeben), die auch die feindlichen Stöße charakterisiert hatten. Lediglich für die Pfeile, die den schnellen Feldzug[19] der deutsch-österreichischen Truppen in Serbien und Russland (Abb. 12) Ende 1915 deutlich machen sollen, sind etwas längere Pfeile eingesetzt, die aber dadurch, dass ihre Schäfte leicht gekrümmt und ihre Spitzen stumpfer ausgebildet sind, nicht eigentlich eine größere Aggressionsenergie aufweisen.

Nicht nur die intensiveren graphischen Auftragungen, sondern auch die Verwendung von Pfeilen, die gleichzeitig etwa in der Kunst und Propaganda in Russland eine Rolle spielen, sind Elemente, die den zwischenzeitlichen Primat der Kartenzeichnung und der topographischen Vorgaben wieder zurückdrängen.

Dieser Anlauf entwickelt sich dann im Zweiten Weltkrieg vollends zu dem graphischen Typus, den man eine raumgreifende Graphik nennen kann. Ein Schlachtenschema, welches das Oberkommando der Wehrmacht der Öffentlichkeit im Mai 1942 zur Schlacht von Charkow (Abb. 13)[20] vorgelegt hat, zeigt, dass geographische Bedingungen fast verschwinden zugunsten massiver graphischer Mittel, welche die Frontabschnitte der Deutschen und deren

19 Erich Ludendorff (s. Anm. 16), S.134.
20 Friedrich Dettmer, Otto Jaus, Helmut Tolkmitt: Die 44. Infanterie-Division, Friedberg O.J. (um 1979), S. 87.

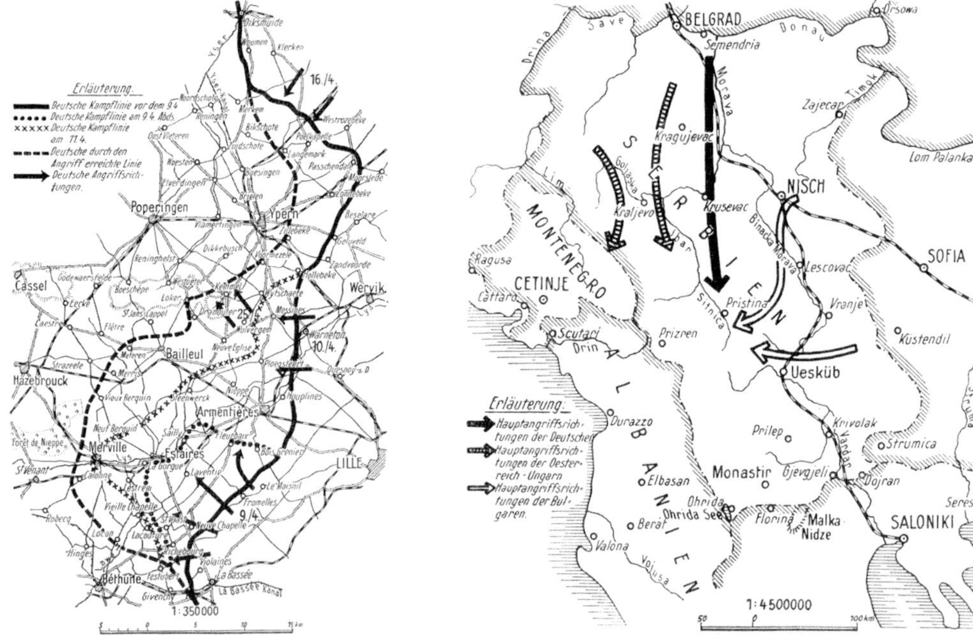

Abb. 11: Die Kampflinien in der Schlacht bei Armenitières und um den Kemmel 1918 nach Ludendorff, 1919.

Abb. 12: Bewegungen der deutschen, österreich-ungarischen und bulgarischen Truppen im Feldzug in Serbien 1915 nach Ludendorff, 1919.

Vorstöße markieren. Es werden jetzt Pfeile unterschiedlicher Dicke eingesetzt, welche direkte oder umschwenkende Bewegungen der militärischen Formationen bezeichnen. Die Infanterie ist durch die Pfeile unterschiedlicher Wucht gekennzeichnet, während die Panzervorstöße durch lange Pfeile gekennzeichnet sind, deren rhythmische Binnenmusterung wohl den ruckartigen und unaufhaltsamen Vorstoß signalisieren soll. Eine solche Karte ist nicht mehr nur eine Information, eine Nachzeichnung der erfolgten Operationen, sondern vor allem ein suggestives Angebot, den Durchmarsch als zwangsläufigen Siegesmarsch nachzuvollziehen. Dort, wo die Kriegskarte offen als Propagandamaterial eingesetzt wird, ist das noch offensichtlicher.

Giselher Wirsing hat in seiner Broschüre „Der Krieg 1939/1941 in Karten"[21] Kartenmaterial der Wehrmacht benutzt und diese seiner Aussage nach nur mit Farben aussagekräftig gemacht, wobei rot für die deutschen Truppen steht. Hier wird der Polenfeldzug 1939 (Tafel 4) schematisch dargestellt, wie wenn aus einem Feuerland vielköpfige Schlangen sukzessive das polnische Territorium bis zur deutsch russischen Interessensgrenze widerstands- und umstandslos überfallen, während zugleich die verbündeten russischen Truppen zaghafter in das

---

21 Giselher Wirsing: Der Krieg 1939/1941 in Karten, München 1942. Ähnlich Janusz Piekalkiewicz: Die Schlacht um Moskau, Herrsching 1989, S.103.

ihnen zugestandene Gebiet eindringen. Dies kann sich schon wenige Seiten weiter grundlegend ändern: Die russische Annexions- und Aggressionspolitik 1939/40 wird in die Form gabelartiger grüner Pfeilgruppen gebracht (Tafel 5), die als eine schreckliche Bedrohung des Deutschen Reiches erscheinen. Die züngelnde Penetranz dieser Expansion weckt unwillkürlich das Bedürfnis nach einer entsprechenden Reaktion.

Ein deutsches Flugblatt, das im Mai 1940 an französische Soldaten abgeworfen wurde (Abb.14),[22] möchte klarmachen, unter welchem Druck England vor allem durch die Eroberung Norwegens und Dänemarks im April 1940 steht: Von den Küsten dieser Länder gehen Pfeile bis an die englische Ostküste aus; ihnen sind jeweils die Entfernungen in Kilometern beigegeben; die Schnelligkeit der Pfeile, so soll suggeriert werden, macht die

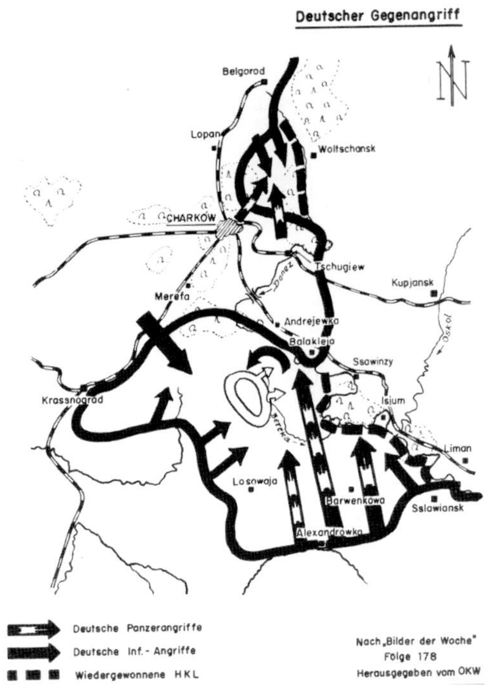

Abb. 13: Schema des deutschen Gegenangriffs in der Schlacht von Charkow 1942.

Entfernungen unwichtig. Der Raum ist durch den Willen besiegt. Giselher Wirsing hat diese graphische Idee auf dem Umschlag seiner Broschüre (Tafel 6) erweitert. Von den norwegischen und französischen Küsten gehen Pfeilschwärme aus, die sich über England kreuzen und die Insel gleichsam von der Landkarte löschen. Diese Pfeile vergittern sich über England wie zu einem Kettenhemd, während beiderseits der Englandpfeile größere und ausgreifende Dreierstrahlen über den Atlantik zu greifen im Begriff sind. Was hier noch wie eine ballistische Utopie aussehen könnte, verwandelt sich an der gesamten Ostfront zu einer dicht parallel geführten Gitterfront von Pfeilen, deren Spitzen blutig tief in das weite Land eindringen. Hier zählt keinerlei topographisches oder sonstiges Hindernis mehr, denn der Raum ist nur noch eine Variable des Willens.[23]

22 Klaus Kirchner: Flugblätter aus Deutschland 1939/1940, Erlangen 1982, Nr. 163.

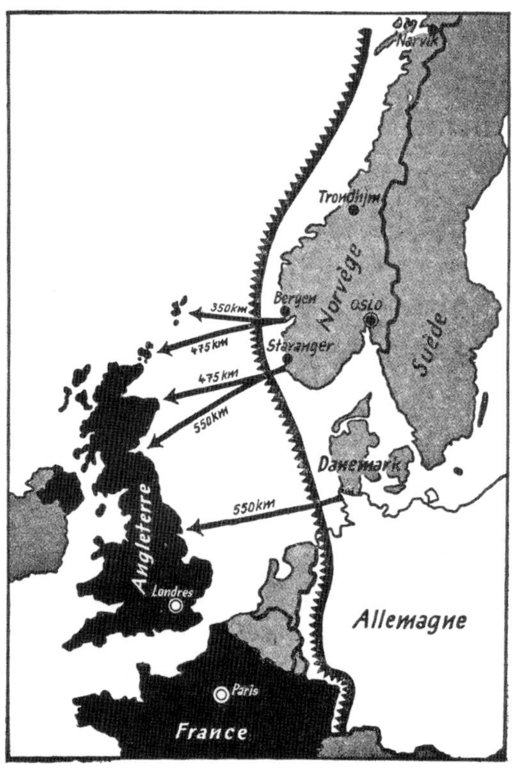

Abb. 14: Deutsches Flugblatt für französische Soldaten vom Mai 1940.

Die Entwicklung hin zu einer emotiven, ausdruckshaften Aufladung rein denotativer Zeichen ließe sich auch in der rein statistischen graphischen Schematisierung aufzeigen. In dem genannten Buch von Wirsing wird unter dem Titel „Die blockierte Insel" England gezeigt (Tafel 7), das aus drei Richtungen her von gewaltigen schwarzen Pfeilströmen umzingelt wird. Die Ströme bezeichnen die Einfuhrmengen an Nahrungsmitteln, die England importieren muss, um seine Bevölkerung zu ernähren. Rote Balken, die über diese schwarzen Ströme gelegt sind, zeigen an, wo die deutschen Militärs diese Zulieferungen stoppen konnten. Unabhängig von diesem Datennetz sieht der Betrachter unwillkürlich das Inselreich in einem Würgegriff langsam verbleichen: Der Raum als Opfer eines Willens, der über besonders bildmächtige Suggestionen verfügte.

23 Giselher Wirsing (s. Anm. 21), S. 46.

Günter Abel

Zeichen- und Interpretationsphilosophie der Bilder

Zeichen- und Interpretationsaspekt

Bilder sind Zeichen, und Bildwelten können als Zeichenwelten verstanden werden. Durch ihre Bildlichkeit unterscheiden sie sich von anderen, z.B. von sprachlichen oder musikalischen Zeichen. Da in jedem erfolgreichen Verstehen und Verwenden von Zeichen eine diesen zugehörige Praxis der Interpretation bereits vorausgesetzt ist, sind Zeichen- und Interpretationsprozesse auch in puncto Bilder, Bildwelten und Bildwissen von grundlegender Bedeutung.

Im Hinblick auf Bilder ist es wichtig, einen *engen* und einen *weiten* Sinn von Zeichen und Interpretation zu unterscheiden. Zeichen im *engen* Sinne meint sinnlich wahrnehmbare Gebilde, die etwas symbolisieren und darin, wie man dann gern (obzwar letztlich irreführend) sagt, „für etwas anderes stehen", das Wort „Baum" zum Beispiel für Bäume. Zeichen im *weiten* Sinne meint jedes Gebilde, das explizit als bedeutungstragend empfunden wird, an dem es etwas zu verstehen gibt. Dieser weite Sinn trifft nicht nur auf sprachliche Ausdrücke oder Bilder zu. Er kann von jedem Objekt realisiert werden.

Zeichen existieren daher auch nicht als vorab fertige Entitäten. Sie entstehen erst aus Geschehenszusammenhängen, und das heißt (wie man in der Linie der Philosophie von Charles S. Peirce betonen kann) aus vergleichsweise ungegliederten und kontinuierlichen Verhältnissen heraus. Deshalb bedarf die Explikation des Zeichenbegriffs einer Rekonstruktion der in jeder erfolgreichen Zeichenverwendung bereits in Anspruch genommenen Handlungspraxis, des näheren einer Praxis der Interpretation der Zeichen, die in der Regel fraglos funktioniert. Zeichen haben aber nicht nur eine Genealogie stets bereits hinter sich. Sie sind auch sterblich und können wieder vergehen, z.B. wenn Bilder früherer Epochen im Zuge des Zeitenabstandes und einer veränderten Ikonologie nicht mehr verstanden werden und Kunstgeschichte erforderlich ist. Geht es um den Zeichencharakter von Bildern, dann ist sowohl der *weite* als auch der *enge* Sinn der Rede von Zeichen im Spiel. Ebensowenig wie nichts aus sich selbst heraus eine Repräsentation ist,[1] ist auch nichts intrinsisch ein Bild. Ein Gegenstand ist dann ein Bild, wenn er, um die Formulierung Nelson Goodmans zu gebrauchen, Element eines piktorialen Symbolsystems ist, innerhalb eines Zeichen- und Interpretationssystems *als* ein Bild verstanden wird und *als* ein Bild fungiert. Bilder können daher auch im engen Sinne als Zeichen angesehen werden. Sie können denotieren, klassifizieren, etwas

---

1 Vgl. Nelson Goodman: Languages of Art, 4. Aufl., Indianapolis 1981, S. 226.

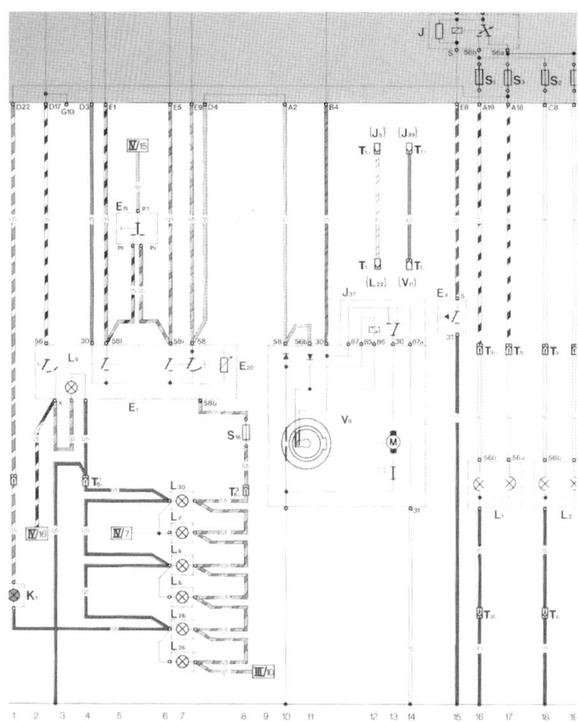

Abb. 1: Schaltplan eines Porsche 924.

richtig, falsch oder fehlerhaft darstellen und als Mittel in kommunikativen Handlungen eingesetzt werden.

Im Blick auf Bilder ist auch in puncto Interpretation ein *enger* und ein *weiter* Sinn zu unterscheiden. Interpretation im *engen* Sinne meint die Deutung, Auslegung und verständlichmachende Aneignung z.B. eines Bildes, das man nicht sofort versteht. Interpretation im *weiten* Sinne meint den perspektivischen und konstruktionalen Charakter, der ipso facto mit jeder Zeichen- und Interpretationsfunktion verbunden ist, insofern ein gänzlich perspektive- und interpretationsfreier Standpunkt ein Standpunkt von nichts wäre. Die Interpretationsabhängigkeit von Bildern beginnt nicht erst dort, wo über ihre semantischen Merkmale (Bedeutung, Referenz) nachgedacht wird. Sie ist vielmehr *konditional* dafür, dass etwas überhaupt als ein Bild in Prozessen fungiert und bildhaft symbolisiert. Wenn Bilder als Bilder fungieren, liegt ihnen bereits eine interpretative Praxis des Zeichengebrauchs zugrunde. Die Bedeutung sprachlicher und nicht-sprachlicher Zeichen hängt von der Praxis ihrer Interpretation ab.[2]

Bildzeichen und Bildwelten unterscheiden sich offenkundig von anderen Zeichen und Zeichenwelten. *Bilder* können als nicht-sprachliche Zeichen und als Elemente in nicht-sprachlichen Symbolsystemen angesehen werden. Sie sind dadurch charakterisiert, dass ihnen die für Elemente sprachlicher Systeme kennzeichnende syntaktische und semantische Disjunktheit fehlt.[3] In der Regel

---

2 Zur allgemeinen Zeichen- und Interpretationsphilosophie vgl. Günter Abel: Interpretationswelten, Frankfurt am Main 1993 (2. Aufl. 1995), und: Sprache, Zeichen, Interpretation, Frankfurt am Main 1999, bes. Kap. 8: „Sagen und Zeigen".

3 Vgl. dazu Nelson Goodman (s. Anm. 1), Kap. IV, V und VI.5.

4 Vgl. ausführlicher Günter Abel (s. Anm. 2), Kap. 4, und Günter Abel: Zeichen der Wirklichkeit, Frankfurt am Main, 2003.

zählt an Bildern jede noch so feine Nuance (z.B. der Farbgebung) als ein eigener Zeichencharakter. Und für jede Nuance dessen, was (re)präsentiert werden soll, ist im Symbolsystem ein eigener Zeichencharakter möglich.

Was das flüssige und störungsfreie Funktionieren der *Bildverwendung* und des *Bildverstehens* in Prozessen angeht, ist vor allem eine Unterscheidung grundlegend: Die Differenz zwischen dem *Vollzug* eines Zeichen als Zeichen (das *direkt*, wie z.B. im Falle einer bildlichen Karikatur oder eines Witzes, ohne weitere epistemische Vermittler verstanden wird) und der *Deutung* eines Zeichens mit Hilfe anderer Zeichen (wie z.B. im Falle technischer Bilder, etwa der Bilder einer Kernspintomografie oder eines Plans komplizierter elektrischer Schaltungen, die man nicht direkt versteht).[4]

Diese Unterscheidung ist vornehmlich dort zum Zuge zu bringen, wo es darum geht, ob und wie Bilder kognitive Rollen in Prozessen des Erkennens und Handelns spielen können. Die These lautet, dass Bilder solche kognitiven Funktionen einzig im Sinne des Zeichen-*Vollzugs* übernehmen können. Sie sind dazu nur in der Lage, wenn sie *zum Zeitpunkt* des von ihnen ausgelösten Eintritts in Prozesse des Erkennens und Handelns *deutungs-freie*, d.h. solche Bildzeichen sind, die *zu bestimmten theoretischen wie praktischen Zwecken* hinreichend deutlich und direkt verstanden sind. Wissens- und handlungsrelevant sind allein Bilder, die diese Bedingung erfüllen. Nur das flüssige Verstehen und Verwenden von Bildern führt dazu, dass sie kognitive Funktionen in den Prozessen des Empfindens, Wahrnehmens, Erkennens, Denkens, Vorstellens, Lernens, Erinnerns und interpersonalen Handelns übernehmen können. Dazu können auch die zu einer gegebenen Zeit nicht-verstandenen oder irritierenden Aspekte eines Bildes zählen. Entscheidend ist, dass im Moment der kognitiven Wirksamkeit bildhafter Elemente eine Direktheit des Zeichen-*Vollzugs* gegeben ist.

Bilder, die der Deutung bedürfen, sind auf einer zweiten Stufe erkenntnis- und handlungs-relevant. Diese ist erreicht, wenn man in der Reihe der Deutungen eines Bildzeichens an den Punkt kommt, von dem an es *direkt*, ohne weitere Vermittlungsinstanzen verstanden und verwendet werden kann. Dass ein solches Bild dann in den Prozessen des Wissens und Handelns kognitive Funktionen übernehmen *kann* (und zwar konstitutiv wie retrospektiv), ist letztlich kein Verdienst der Zeichen-*Deutung*, sondern Folge des Umstandes, dass mit einer gelungenen Deutung erneut in die Ebene des Zeichen-*Vollzugs* eingetreten werden konnte.

Wahrnehmungsaspekt

Bilder sind aufs Engste mit der sinnlichen Wahrnehmung verknüpft. Sie sind Gegenstände der äußeren Sinne und uns durch diese direkt präsent. Wie Wahrnehmungen überhaupt hat auch die Bildwahrnehmung ihren Ort zwischen dem bloßen sinnlichen Empfinden und dem reflexiven und denkenden Beobachten. Ohne Wahrnehmung gäbe es Bilder ebensowenig wie ohne Zeichen. Als sinnlich gewahr werdende Zeichen sind Bilder gleichermaßen in Zeichen- wie in Wahrnehmungsprozesse verstrickt. Bildzeichen müssen, um Zeichen zu sein, wahrgenommen werden, und Bildwahrnehmungen müssen, um Wahrnehmungen zu sein, an und in Zeichen erfolgen. Daher ist zunächst der Zeichen- und Interpretationscharakter auch der Wahrnehmung hervorzuheben.

Schon in das erste sensorische Affiziertwerden sind, in Form der Anwendung von Organisationsmustern, Interpretationsbildungen auf vielfältige Weise involviert. Bereits die der Bild-Wahrnehmung vorausgehende Bild-Empfindung ist stets *interpretierte* Empfindung. Eine uninterpretierte Bild-Empfindung hätte keinen Gegenstand und wäre daher Empfindung von nichts.

Der Interpretationsaspekt setzt sich in den Bild-Wahrnehmungen fort. Wahrnehmung ist stets Wahrnehmung-*von-etwas* und in zwei Hinsichten intentional gerichtet: in ihrem bewussten Fremdbezug auf etwas als ihr Objekt (ihr Bildobjekt) und darin zugleich in ihrem Selbstbezug auf das Subjekt des Wahrnehmens. Diese Verhältnisse sind im Kern durch *interpretative* Komponenten charakterisiert. Die visuelle Bildwahrnehmung kann als ein Vorgang vielfältiger Konstruktbildungen (des Abgrenzens, Unterscheidens, Organisierens, Gestaltbildens, Extrahierens, Selektierens, Verrechnens, Filterns, Rekonstruierens, der Musteranwendung, Figurenbildung, des Synthetisierens, Assoziierens, Dissoziierens, der schematisierenden Bearbeitung) beschrieben, und die Gegenstände der Bild-Wahrnehmung können als perzeptive Interpretationskonstrukte verstanden werden. Im Wahrnehmen steckt, wie Wahrnehmungspsychologen gern sagen, mehr, als man wahrnimmt. Überdeutlich wird der *interpretative* Charakter der Bildwahrnehmung, sobald über sie in einem Wahrnehmungsurteil identifizierend, erläuternd oder verdeutlichend berichtet wird. Mit diesem Schritt wird explizit in die sprachliche und propositionale Form übergegangen, nämlich *gesagt*, *dass X* der Gehalt der Bildwahrnehmung ist und dass dieser Gehalt in der *Form Y* gegeben ist.

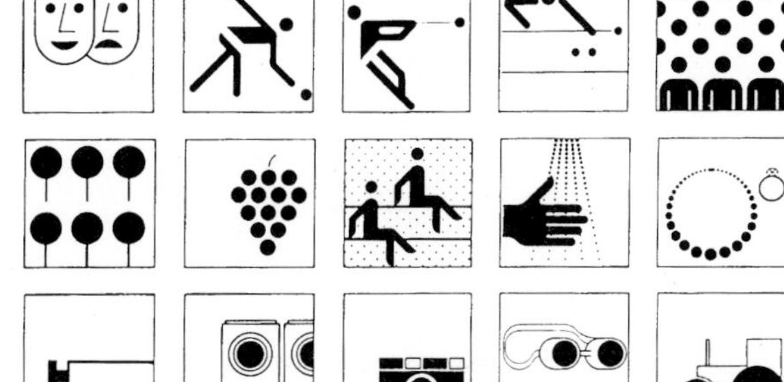

Abb. 2: Icons.

Wahrnehmungsprozesse sind *als* Interpretationsprozesse intern immer auch schon Zeichenprozesse. Darüber hinaus sind Bildwahrnehmungen als Wahrnehmungen-*von-etwas* ipso facto Zeichen dieses Etwas; sie handeln von etwas, beziehen sich auf etwas; sie können Dinge richtig oder falsch darstellen, Sinnestäuschungen, Fehlrepräsentationen oder fiktionale Repräsentationen hervorbringen, und perzeptive Wahrnehmungszeichen können in kommunikativen Handlungen eingesetzt werden. Zugleich können Bildwahrnehmungen als Zeichen auch in dem erläuterten *weiten* Sinne verstanden werden. Sie gehören schon nicht mehr zu den vergleichsweise ungegliederten und kontinuierlichen Geschehenszusammenhängen. Man schaut, um ein Beispiel zu geben, nicht nur einfach in die Gegend, sondern nimmt eine Landschaft wahr.

Vereinheitlichte Theorie der
zeichen- und phänomen-bezogenen Aspekte

In den philosophischen Debatten um das Thema Bild und Bildlichkeit sind vor allem zwei Perspektiven dominant. Auf der einen Seite steht der Zugang über die Phänomenologie, die philosophische Psychologie und die Wahrnehmungspsychologie. Auf der anderen Seite steht der Zugang über die Sprachphilosophie und die Semiotik, die ein Verständnis der (materiellen) Bilder vor allem im Rückgriff auf die Unterscheidung von Syntax, Semantik und Pragmatik erlangen möchten. Für diese Perspektive ist charakteristisch, dass das Herstellen und Verwenden von Bildern in Analogie zum Herstellen und Verwenden sprachlicher Äußerungen in kommunikativen Zusammenhängen gesehen und Bilder in Analogie zu sprachlichen Prädikaten, insbesondere zu singulären oder generellen Termini verstanden werden.

Die Debatten zwischen den beiden Lagern werden durchaus heftig geführt. Während phänomenologisch orientierten Theoretikern die für Bilder charakteristische Bildlichkeit und Sichtbarkeit in der Betonung des Zeichencharakters auf der Strecke zu bleiben droht, erscheint es semiotisch orientierten Theoretikern umgekehrt nicht möglich, auf rein phänomenologischem Wege zu einer adäquaten Explikation von Bild und Bildlichkeit zu gelangen. Diese

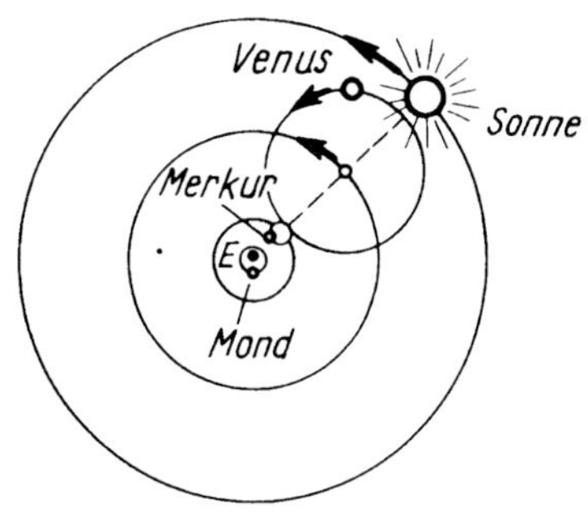

Abb. 3: Vereinfachtes Bild des ptolemäischen Systems zur Beschreibung der Himmelsbewegungen.

Dichotomie gilt es zu unterlaufen und die unterschiedlichen Komponenten in einer vereinheitlichten Theorie der zeichen- und der phänomen-bezogenen Aspekte zu überwinden. Damit ist ein Desiderat philosophischer Forschung markiert.

Die Arbeit an einer vereinheitlichten Theorie muss in einer speziellen und in einer grundbegrifflichen Hinsicht vorangetrieben werden. Zum einen geht es um das Verhältnis zwischen speziellen zeichen- sowie interpretations-bestimmten Aspekten einerseits *und* phänomenologischen sowie wahrnehmungs-psychologischen Aspekten andererseits. Die hier leitende Annahme ist, dass Zeichen und Wahrnehmung in einem kooperativen Verhältnis stehen. Dies beruht vor allem auf dem gemeinsamen Aspekt der Anschaulichkeit.

Zum anderen hat es um das Verhältnis von *Zeichen und Phänomen* zu gehen (wobei *Zeichen* im *weiten* Sinne, und *Phänomen* im Sinne des in sinnlicher Anschauung direkt Gegebenen zu verstehen sind). Grundlegend ist die Einsicht, dass im Blick auf kommunikativ und kognitiv flüssig funktionierende Zeichen, vor allem Bilder, die ganze Unterscheidung zwischen Zeichen *und* Phänomen aufzugeben ist. Darin liegt der systematische Schlüssel zu einer vereinheitlichten Theorie. Kernüberlegung ist, dass *im Vollzug* des Verstehens und Verwendens von Zeichen, in funktionierenden, präsentierenden und repräsentierenden Zeichen die zeichen- und die phänomen-bezogenen sowie die begrifflichen und die anschaulichen Bestandteile nicht trennscharf gegeneinander isoliert werden können. Die Zeichen- und Interpretationsanteile am Phänomen abtrennen zu wollen, um zum reinen Phänomen zu gelangen, führt letztlich dazu, dass auch das Phänomen zu nichts wird. Im funktionierenden Bild-Zeichen ist das Ergebnis, d.h. das Bild und seine syntaktisch, semantisch und pragmatisch bestimmte bildhafte Sachhaltigkeit ebenso Anschauung wie Begriff. Der Blick auf ein Bild und das perzeptive Erfassen des Bildes *als* Bild in seiner Form-, Farb- und Gestaltgebung lässt die Trennung zwischen Zeichen *und* Phänomen strenggenommen nicht mehr zu.

Die beiden getrennt erscheinenden Aspekte von Bild-Zeichen und Bild-Phänomen sind stets bereits in die ursprünglich einheitliche Ebene der

Zeichen- und Interpretationsprozesse, der Handlungs- und Praxis-Verhältnisse eingebettet. In einer vereinheitlichten Theorie gilt es die Unterscheidung zwischen Zeichen *und* Phänomenen selbst aufzugeben und die Bild- und Bildlichkeits-Fragen am Leitfaden des *bildhaften Zeichen-Vollzugs* im Lichte einer allgemeinen Zeichen- und Interpretationsphilosophie zu entwickeln.

In puncto Zeichenfunktion ist die grundlegende Operation der Bilder: etwas zur Darstellung zu bringen, zur Präsenz zu bringen, im Unterschied zum nachträglichen Re-präsentieren. Dabei geht es nicht um bloß passive, illustrierende oder veranschaulichende Wiedergabe von etwas bereits fertig Vorhandenem. Es handelt sich vielmehr um das ursprünglich aktive Zur-Darstellung-Bringen, um ein ursprüngliches Ins-Bild-Setzen.[5] Während jede Re-präsentation stets bereits die Funktion des In-Präsenz-Bringens in Anspruch nimmt, ist nicht-repräsentationalistische Präsenz nicht nur möglich, sondern Voraussetzung für Repräsentation. Eine solche Betrachtung greift tiefer als die Frage, wie man die semiotischen Aspekte mit den wahrnehmungs-bezogenen in Verbindung bringen könnte.

Dies hat zur Konsequenz, dass im funktionierenden Verstehen und Verwenden eines Bildes von einem *internen* Zusammenhang von Bildlichem und Kognitivem auszugehen ist (– Kognition verstanden als geistiger Akt der Aufnahme und Verarbeitung von Informationen sowie der Applikation organisierender Muster, Schemata und Konzepte). Der Zusammenhang von Bildlichkeit und Kognition ist dort, wo wir Bilder erfolgreich verwenden und verstehen, längst gegeben. Er muss nicht erst in einem zweiten Schritt hergestellt werden. Dies erklärt auch, wie es logisch möglich ist, dass Bilder kognitive Funktionen in Prozessen des Wahrnehmens, Handelns, Erkennens und der praktischen und theoretischen Orientierung in der Welt spielen *können* und faktisch auch in starkem Maße spielen.

Bildwissen als nicht-sprachliches Wissen
Mit bildhaften Formen des Wissens sind wir in Alltag, Wissenschaften, Künsten und Techniken bestens vertraut. Man denke nur an Fotos, Filme, Zeichnungen, Gemälde, Modelle, Diagramme, Karikaturen, Stadtpläne, Tachometer, etc..

---

5 In einem 3-stufigen Modell der Zeichen- und Interpretationsverhältnisse gehören Bilder in dieser Funktion auf die basale, die *bildhaft kategorialisierende* Ebene. Illustrationen und Veranschaulichungen dagegen zählen zur Ebene der Zeichen-*Deutungen*. Vgl. Günter Abel (s. Anm. 2).

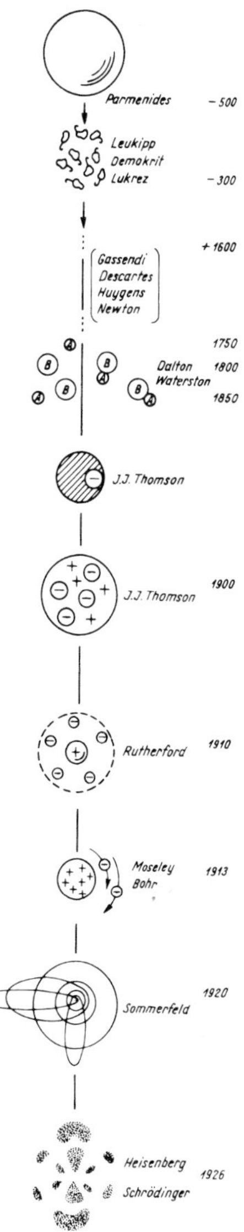

Abb. 4: Die Hauptstationen der Entwicklung von Vorstellungen zur Struktur der Atome.

Auf Schritt und Tritt sind wir in Bilder verstrickt, die zur Orientierung in der Welt und anderen Personen gegenüber unverzichtbar sind.

Bilder können (a) Auslöser für Prozesse der Wissensgenerierung und Handlungen sein, (b) Visualisierungen und Veranschaulichungen zustande bringen, (c) Formen von Wissen inkorporieren und (d) konstitutive Bestandteile von Argumenten und Beweisen sein. In allen vier Hinsichten können sie kognitive und orientierende Funktionen ausüben.

Das Bild der Erde als einer Kugel oder das Bild des Atoms als eines Kerns mit den um diesen nach Art von Planeten kreisenden Elektronen sind Beispiele für die mögliche Funktion von Bildern, Prozesse der Wissenssuche sowie der Klassifikation von Wissensresultaten auszulösen und voranzutreiben. Bilder, mit deren Hilfe etwa die Struktur des DNA-Moleküls visualisiert und veranschaulicht wird, sind Beispiele für die zweitgenannte Funktion von Bildern. In philosophischer Hinsicht ist die Frage nach den in Bildern inkorporierten Formen von Wissen und die genuine Rolle der Bildlichkeit in Argumenten und Beweisen von besonderem Interesse. Letzteres liegt z.B. vor, wenn man durch Blick auf ein rechtwinkliges Dreieck *sieht*, dass die Hypotenuse länger ist als jede der Katheten. Es liegt auch vor, wenn in der Logik bildliche Darstellungen, Diagramme (wie die Euler- und vor allem die Venn-Diagramme) als Beweisverfahren eingesetzt werden. Wittgenstein verweist einmal darauf, dass bei bestimmten indischen Mathematikern der Beweis eines Satzes durch eine geometrische Figur mit den Worten erfolgt: „Sieh dies an!"[6]

Vieles von dem, was in Bildern an Wissen inkorporiert ist, kann mit Hilfe sprachlicher Ausdrücke und in einer Proposition ausgedrückt werden (z.B. dass ein Bild einen Baum zeigt, dass es sich um eine Birke handelt etc.). Die bekannte Formulierung, dass ein Bild mehr als tausend Worte sage, meint in diesem Sinne nur, dass es wohl ganzer Telefonbücher bedürfte, um in sprachlichen Zeichen auszudrücken, was das Bild gleichsam mit einem Schlage darstellt. Auch die Funktion des Bildes als

Abkürzungszeichen für im Prinzip unbegrenzt viele Informationen ist in kognitiver Hinsicht von hoher Relevanz. Sie dient zeichen-ökonomisch der Orientierung (wie im Falle von Fluchtwegzeichen in einem Hotel). Von besonderem Interesse ist aber dasjenige Bildwissen, das sich einer Artikulation in einer

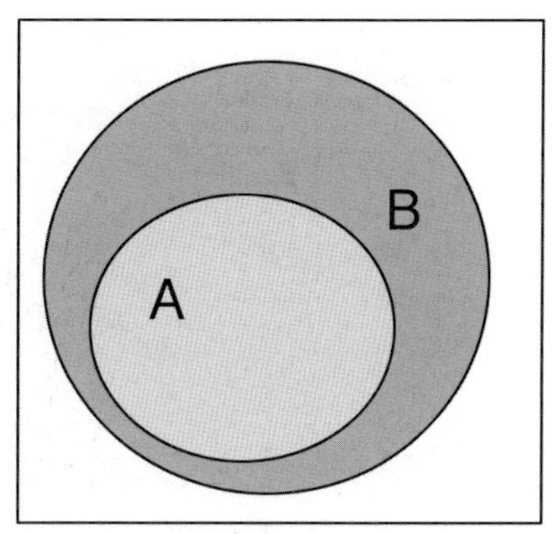

Abb. 5: Grafische Darstellung von Mengen als Euler- bzw. Venndiagramm.

sprachlichen Proposition auf eigentümliche Weise entzieht, kognitiv aber überaus relevant ist.

Unter propositionalem Wissen ist ein Wissen zu verstehen, das *in einer Sprache* in der Form „*dass* p" artikuliert ist, das aufgrund der Grammatik des sprachlichen Urteils *linear* angeordnet ist, und das sich *in Begriffen* (und eben nicht in Bildern) bewegt, wobei der Kern in der begrifflichen Prädikation besteht. Demgegenüber meint nicht-sprachliches und nicht-propositionales Wissen eines, das man haben kann, *ohne* über entsprechende sprachliche Prädikate und Begriffe zu verfügen und diese erlernt zu haben. In solchen Fällen *sieht* man, hinreichende Einübung vorausgesetzt, direkt, was das Bildzeichen bedeutet und weiß, was man zu tun hat, ohne dies in einer Proposition sagen zu können. Man ist von einem Bild affiziert und bewegt, aber man kann nicht genau *sagen*, was einen da affiziert und bewegt. Dieser nicht-sprachliche und nicht-propositionale Charakter der Form des Wissens, das in der Bildhaftigkeit inkorporiert ist, droht auf der Strecke zu bleiben, wenn man Bilder analog zu sprachlichen Prädikaten konzipiert. Entscheidend ist vielmehr, die Betrachtung in das Feld der nicht-sprachlichen Zeichen- und Interpretationssysteme hinein zu erweitern und deren Logik und Ästhetik zu erfassen und darzustellen. Dazu gehört die Explikation des Unterschieds zwischen der im sprachlichen Urteil zeitlich *linearen* und der in Bildern demgegenüber raum-zeitlich *konfigurativen* Form und Anordnung der Elemente. Dieser Unterschied markiert zugleich unterschiedliche Formen von Wissen. Ausserdem sind die *figurativen* und *metaphorischen* Aspekte in Bildern in ihrem Verhältnis zu den *buchstäblich denotierenden* Komponenten auf der Ebene begrifflich-diskursiven Wissens zu erläutern.

Da es sich im Verstehen und Verwenden von Bildzeichen nicht um magisches Wissen handelt (jedenfalls ist das nicht der Aspekt, der hier zur Debatte steht),

---

6 Ludwig Wittgenstein: Zettel, Nr. 461; vgl. John Venn: Symbolic Logic, 2. Aufl., London 1894, Reprint: New York 1971, Kap. V.

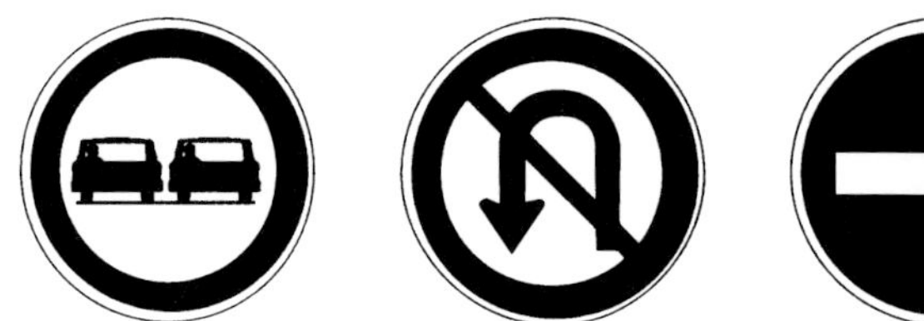

Abb. 6: Verkehrszeichen.

ist auch nicht davon auszugehen, dass Bildwissen einfach nur ein an das subjektive, phänomenale und qualitative Empfinden und Erleben gebundenes Wissen ist (wie z.B. eine individuelle Farbempfindung). Bildwissen kann auch Verkörperung transsubjektiven Wissens sein. Bildgebende Verfahren in den Naturwissenschaften sind nur ein Beispiel von vielen. Dass dies auf der Makroebene einer Kultur, des näheren einer Wissenskultur der Fall ist, sieht man auch an den dort jeweils dominanten ‚Bildern', insbesondere den piktorialen Anteilen an den Weltbildern, die, so Wittgenstein, den „überkommenen Hintergrund" darstellen, der für unser Sprechen, Denken und Handeln leitend ist.
Ein zweiter Unterschied zwischen Bildwissen und sprachlich-propositionalem Wissen besteht darin, dass bildliche Inhalte als *nicht-begriffliche* Inhalte von Erfahrungen, in diesem Falle von bildlich-visueller Erfahrung, verstanden werden können, die vermittels der Elemente einer Sprache nicht ausgedrückt werden *können*. So belegen wahrnehmungspsychologische Forschungen eindrucksvoll, dass wir visuelle, bildliche Farbschattierungen weit feinkörniger empfinden und diskriminieren als dies mit Hilfe der in unserer Sprache zur Verfügung stehenden Farbprädikate zwecks Identifikation und Re-Identifikation möglich ist.[7] Ein Bild kann Aspekte sichtbar machen, die durch den Einsatz sprachlicher Ausdrücke (begrifflich prädikativ) und durch die Grammatik des propositionalen Urteils („*dass* p") *nicht* vollständig realisiert, individuiert, erfasst und repräsentiert werden können. Vor allem in den Künsten, aber auch in den Wissenschaften, ist dieser Aspekt deutlich. „Die Kunst gibt", mit der bekannten Formulierung Paul Klees gesprochen, „nicht das Sichtbare wieder, sondern macht sichtbar."[8]
Bildhaftes Wissen bezieht sich als Vorstellungswissen auf topologische und projektiv-geometrische Strukturen. Im Bildwissen geht es um im Bild und seinen bildhaften, graphischen Eigenschaften zur Darstellung gebrachte Verhältnisse. Diese bildhafte Form des Wissens (die von der Visualisierung eines Sachverhalts im Sinne eines Fotos deutlich unterschieden ist) erlaubt es unserem Vorstellungswissen, uns auf eine *leichte* Weise über Strukturen und Gesetzmäßigkeiten der Wirklichkeit zu informieren, diese nämlich einfach zu *sehen*. Lehrbücher nutzen diesen Effekt ebenso wie die bildgebenden Verfahren in den Natur- und

Technikwissenschaften. Ist in Bildern visuelles Wissen inkorporiert, so heißt dies auch, dass visuelle Prozesse mit Wissensprozessen verschränkt sein können, dass man in einem erweiterten Sinne von *visuellem Denken* sprechen kann.

Von hoher Relevanz sind diese bildlichen, nicht-verbalen Prozesse auch in der Philosophie. Eines der bekanntesten Beispiele ist die *Bild*-Theorie in Ludwig Wittgensteins „Tractatus". In ihr geht es darum, mit Hilfe des Bildbegriffs das Verhältnis von Satz und Wirklichkeit, des näheren den Satz als das Bild (bzw. Modell) der Wirklichkeit zu konzipieren. Dabei zeigt sich, dass die Bildlichkeit eines Satzes eine überaus wichtige Rolle in der Logik der Sprache genau deshalb spielt, weil nicht alles, ja nicht einmal das, wodurch die Logik der Sprache und deren Weltbezug letztlich regiert wird, in sprachlichen Zeichen ausgedrückt werden *kann*.

Auch in den Technik- und Ingenieurwissenschaften sind Bilder und bildliche Prozesse von grundlegender Bedeutung. „Visual thinking" und Modellierungen werden heute geradezu als die ‚lingua franca‘ des modernen Ingenieurs betrachtet. „Many features and qualities of the objects that a technologist thinks about cannot be reduced to unambiguous verbal descriptions; therefore, they are dealt with in the mind by a visual, nonverbal process."[9]

Macht der Bilder und des Bildwissens

Bilder verfügen über eine *vor-theoretische* und *anschauliche* Organisationskraft.[10] Mit ihr sind wir von der visuellen Wahrnehmung über bildliche Darstellungen in den Wissenschaften bis hin zum Einsatz abstrakter Bildzeichen in der Mathematik bestens vertraut. Bilder sind an der Organisation unserer Erfahrung im Wahrnehmen, Vorstellen, Erkennen, Denken, Lernen, Erinnern und Handeln beteiligt. Diese Organisationskraft von Bildzeichen kann man näher beschreiben. Auch damit ist ein Desiderat der Forschung bezeichnet. Denn zumeist gehen wir davon aus, dass ursprüngliche Organisationskraft den *begrifflichen* und *sprachlichen* Komponenten vorbehalten ist. Dabei wird der kardinale Punkt

---

7 Vgl. Diana Raffman: Über die Beharrlichkeit der Phänomenologie. In: Bewusstsein, hrsg. von Thomas Metzinger, 2. Aufl., Paderborn 1996, S. 347 ff.

8 Paul Klee: Schöpferische Konfessionen, Berlin 1920, hier zit. nach Will Grohmann: Paul Klee, Stuttgart 1954, S. 97.

9 Eugene S. Ferguson: Engineering and the Mind's Eye, Cambridge 1992, S. 41 und xi.

10 Zum Folgenden ausführlicher Günter Abel: Die Macht der Weltbilder und Bildwelten. In: Neuzeitliches Denken. Festschrift für Hans Poser, hrsg. von Günter Abel, Hans-Jürgen Engfer, Christoph Hubig, Berlin/New York 2002, S. 23 - 48.

übersehen, dass im präsentierenden und re-präsentierenden Zeichen die anschaulichen und begrifflichen Aspekte stets bereits eine Einheit bilden. Übersehen wird sodann, dass *bildhafte Zeichen* ihrerseits über organisierende und normierende Kraft hinsichtlich unseres Welt-, Fremd- und Selbstverständnisses verfügen. Diese manifestiert sich in der *bildhaften Klassifikation* (z.B. durch die Bilder eines Stuhls oder eines Schranks an den Türen in einem Möbellager), in der anschaulichen Kategorisierung (z.B. einer runden oder einer eckigen Figur) oder in der Orientierung im Raum (z.B. durch einen Stadtplan). Natürlich muss man den Gebrauch dieser Bild-Zeichen erlernt haben, um sie verstehen zu können. Aber man muss eben nur den Gebrauch der anschaulichen bzw. bildhaften Zeichen, *nicht* jedoch den *Begriff* im engeren terminologischen Sinne beherrschen. In diesem Sinne spielen nicht-begriffliche Zeichen und Gehalte eine wichtige Rolle in unserem kognitiven Zugang zur Welt.

Dass Bilder handlungsleitend sein können, läßt sich im alltäglichen ebenso wie im künstlerischen, wissenschaftlichen und technischen Bereich leicht belegen: das Verkehrszeichen veranlasst den Autofahrer, links abzubiegen; das Totenkopf-Bild auf der Flasche verhindert, die giftige Flüssigkeit zu trinken; die Abbildung in der Gebrauchsanleitung erleichtert (oder erschwert) es, das Videogerät zu installieren; im Ausgang von Architekturplänen beginnt der Baumeister mit seiner Arbeit; nach Blick auf die Konstruktionszeichnung oder die Computersimulation beginnt der Ingenieur mit dem Bau der Maschine; der Blick auf das DAX-Diagramm der Börse veranlasst den Anleger, seine Anteile umgehend zu verkaufen; der Neurochirurg verlässt sich auf die Bilder vom Gehirn auf seinem CT-Bildschirm und führt daraufhin die Hirnoperation in *dieser* und nicht in *jener* Weise durch.

Um in Prozessen des Wahrnehmens, Vorstellens, Denkens, Erkennens, Lernens, Erinnerns und Handelns kognitive Funktionen übernehmen und um Formate des Wissens, d.h. um von wissens-, welten- und handlungs-*formatierender Kraft* sein zu können, müssen Bilder und Bildzeichen bestimmten Anforderungen genügen. Die im folgenden aufgelisteten Punkte sind nicht als notwendige und hinreichende Bedingungen und nicht als Kriterien zu verstehen. Es handelt es sich vielmehr um Aspekte und Charakteristika, von denen in konkreten Fällen einige zutreffen, andere nicht. Auch gelten sie nicht alle gleichzeitig, nicht in jedem Kontext, nicht zu jeder Zeit und nicht für alle Typen von Bildern gleichermaßen. Aber es lassen sich Anforderungen benennen:

(i) das Bildzeichen muss *direkt*, ohne weiterer epistemischer Vermittler zu bedürfen, verstanden werden; (ii) das Bildzeichen muss im Blick auf einen mit ihm verfolgten Zweck *hinreichend deutlich* sein; (iii) das Bildzeichen muss in dem Sinne *deutungslos* sein, dass es bis auf weiteres keiner zusätzlichen Deutung bedarf; (iv) das Bildzeichen muss ein Zeichen mit *präsen-*

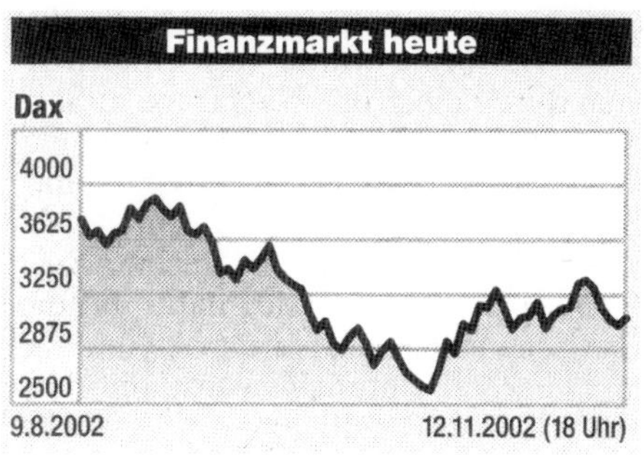

Abb. 7: Entwicklung des DAX über 3 Monate.

tierender Kraft (nicht bloß re-präsentierender, passiver Wiedergabe vorgegebener Sachverhalte) sein, um konstitutiv wirken zu können; (v) das Bildzeichen muss *dispositional* in dem Sinne sein, dass das Erfassen seines Gehalts und seiner Form zu Handlungen führen kann; (vi) das Bildzeichen muss *handlungsverlässlich* in dem Sinne sein, dass man sich auf das direkt und deutungslos verstandene Bildzeichen so stark verlässt, dass man daraufhin handelt, z.B. als Neurochirurg den operativen Eingriff in das Gehirn beginnt.

Bildzeichen können natürlich eine Vielzahl anderer Funktionen ausüben. Man kann mit Bildern sehr unterschiedliche Zwecke verfolgen: etwas illustrieren, für etwas werben, etwas verbieten, zu etwas auffordern und vieles mehr. Bilder können diese Funktionen im ganzen (im Falle eines Porträts, eines Landschaftsbildes, einer technischen Konstruktionszeichnung) oder in Teilen, d.h. in den einzelnen Segmenten (z.B. dem perspektivischen Vordergrund eines Gemäldes) erfüllen, je nachdem, unter welchem Zweck-Gesichtspunkt der in Frage stehende Prozess gesehen, modifiziert oder in ihn interveniert werden soll. Auch können Bilder in Prozessen sehr unterschiedliche Rollen übernehmen: als episodische Elemente in Prozessen; hinsichtlich ihres *im Bild* abkürzenden Charakters gegenüber langen sprachlichen adjektivischen und adverbialen Deskriptionen; im Hinblick auf die zeichenbezogene Verdeutlichung von nichtsprachlichen und/oder impliziten Aspekten; in Hinsicht auf das, was man mit dem Bild und/oder dem dargestellten Bildgehalt machen kann; in Hinsicht auf die Präsentation von visuellen Möglichkeiten (deren Raum weiter gespannt ist als der der logischen Möglichkeiten, denn Bilder z.B. von Escher, Magritte oder Picasso sind charakterisiert durch Formen der Darstellung, die aus dem Reich

der logischen Möglichkeiten als absurd ausgeschlossen werden); im Hinblick
auf Kreativität der Zeichenbildung (in dem Sinne, dass die sinnlich wahrnehm-
baren Bildzeichen noch nicht unter der strengen Dominanz der Regeln des
Verstandes stehen, sondern, in Kantischer Terminologie gesprochen, das „freie
Spiel der Einbildungskraft" betreffen); bis hin zu metaphorischem und iro-
nischem Gebrauch von Bildern und Bildzeichen. Alle diese Funktionen von
Bildern in Prozessen hängen im Kern von ihrer sinnlichen Anschaulichkeit, von
der sinnlich-ästhetischen Form ihrer Bedeutung und mithin auch von unserer
Fähigkeit ab, uns auf sie zu verstehen.

Interview

Bildunterschätzung – Bildüberschätzung
Ein Gespräch der „Bilder des Wissens" mit Michael Hagner

Auf dem XXVI. Deutschen Kunsthistorikertag 2001 in Hamburg hielt der Wissenschaftshistoriker Michael Hagner (Max-Planck-Institut für Wissenschaftsgeschichte, Berlin) im Rahmen der Sektion „Wechselseitige Erhellung? Kunstgeschichte und ihre Nachbarn – Kunstgeschichte und Naturwissenschaften" einen Vortrag über „Menzels Hirn".* Dieser Beitrag war ein markantes Zeichen einer in den letzten Jahren vielerorts gewachsenen Zusammenarbeit zwischen Wissenschafts- und Kunstgeschichte. Es schien den „Bildwelten des Wissens" daher angebracht, mit ihm über disziplinäre und methodische Zugänge zum Thema naturwissenschaftlicher Bilder zu sprechen.

Gabriele Werner: Herr Hagner, Sie haben in Ihrem Vortrag an drei Stellen detaillierte Bildanalysen gegeben, so zum Beispiel zu einer Doppelseite der Kölnischen Illustrierten Zeitung aus dem Jahre 1931(Abb.1). Welche Fragen haben Sie mit Blick auf diese Collage gestellt, die nicht nur aus Ihrer eigenen Disziplin heraus gestellt werden können, sondern notwendig verschiedene andere Disziplinen mit einschließen?

Michael Hagner: Zunächst, „Disziplin" ist für mich eine viel zu große Kategorie, mit der ich nicht viel anfangen kann und die mich auch nicht übermäßig interessiert. Vielmehr haben mich bei der Kölnischen Illustrierten das Verhältnis von Bild und Text bzw. die Kombination verschiedener Bilder angesprochen. Wenn ich eine Bildcollage sehe, in der der Hirnforscher Oskar Vogt das Gehirn seines Lehrers August Forel vor sich hat, darunter der Kopf von Lenin einmontiert ist, und dieses Ensemble noch mit mikroskopischen Bildern von Hirnschnitten versehen wird, dann sehe ich das im Zusammenhang mit den Montagetechniken der späten 20er Jahre sowie mit anderen Bildtechniken der Bildreportagen in den damaligen Massenmedien. Gleichzeitig werden hier bestimmte Darstellungen des Gehirns zitiert, die historisch älter sind. Diese Verflechtung führt mich zu der Frage, welches Wissen hier transportiert werden soll, konkret: Welche Bezüge zwischen Gehirn, Gesicht und Geist werden evoziert? Genau darum geht es in Hirnbildern, und das ist nicht nur auf sogenanntes immanentes wissenschaftliches Wissen zu reduzieren.

---

* Der Vortrag ist inzwischen in erweiterter Fassung erschienen unter dem Titel: Das Genie und sein Gehirn. In: Jahrbuch des Collegium Helveticum der ETH Zürich, VDF Hochschulverlag, Zürich 2001, S. 187 - 211.

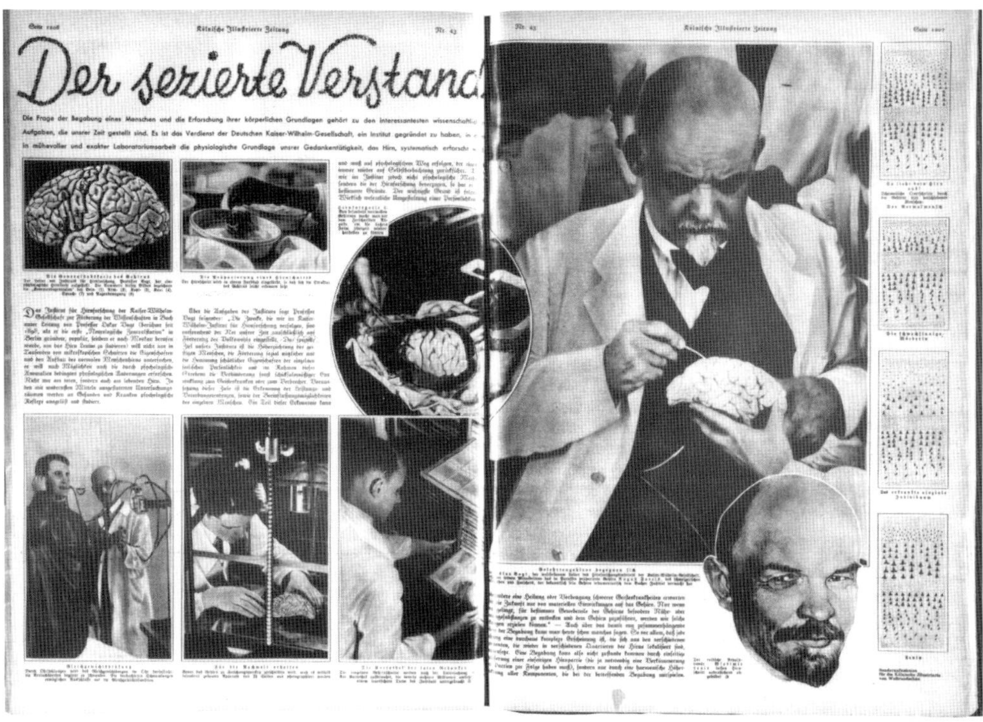

Abb. 1: Artikel aus der Kölnischen Illustrierten Zeitung von 1931, S. 1206 - 1207.

Horst Bredekamp: Ihre Betonung der Formspezifik und der Zeitgebundenheit dieser Gestaltung könnte zu der globalen Frage verleiten, ob in der Hirnforschung seit einiger Zeit vor allem erforscht wird, was Bild werden kann. Bisweilen ist die These zu hören, dass man hier nicht von einer Erkenntnisspirale, sondern eher einer Selbsttäuschung sprechen könnte: einer Art Bild-Tautologie. Halten Sie derartige Statements für überzogen oder für nachvollziehbar?

Michael Hagner: Nach meiner Auffassung kann keine visuelle Darstellung des Gehirns bei der Arbeit allein definitive Aussagen über das Geistesleben des Menschen machen. Dennoch ist die schöne neue Bilderwelt der aktuellen Hirnforschung außerordentlich populär, und das liegt nicht zuletzt daran, dass hier neben visuellen Formen und Themen auch Thesen aufgegriffen werden, die ins 19. Jahrhundert zurückreichen. Dafür ist mir kein besserer Begriff als Cyber-Phrenologie eingefallen, der schlicht darauf hinweisen soll, dass die mittels der neuen bildgebenden Verfahren gewonnenen Ansichten des Gehirns einen physiognomischen Blick implizieren, der nach der Devise funktioniert: Zeig mir dein Gehirn, und ich sag dir wer du bist, oder wenigstens, was du denkst. Man muss aber auch sehen, dass diese Hirnbilder auch eine Verarmung demgegenüber darstellen, was in nicht-visuellen Verfahrensweisen, z.B. der Neurolinguistik und der Neuropsychologie, herausgearbeitet wird. Es geht also darum, verschiedene Verfahren miteinander zu kombinieren, was zum Teil auch getan wird.

Horst Bredekamp: Die Dominanz der Bilder erstaunt umso mehr, als das Verfahren, Daten in Bilder zu überführen, sehr aufwendig ist. Woher kommt dieser nachgerade unwiderstehliche Drang zur mimetischen Verbildlichung? Warum bleibt es nicht bei Tabellen und Zahlen?

Michael Hagner: Um die Mitte des 20. Jahrhunderts kam es zu einer Art Computerisierung des Gehirns, die mit einer gewissen Ikonophobie einherging. Die im Elektroencephalogramm erzeugten Hirnwellen standen lange Zeit paradigmatisch für die Vorstellung vom elektrischen Gehirn, einer Maschine, der der Computer schon ziemlich nahe kam. Entsprechend ähnelten die visuellen Darstellungen der Hirnfunktion eher einem Schaltdiagramm. Seit einigen Jahren gibt es nun eine Gegenbewegung, die sich bemerkenswerter Weise gerade mit den computergestützten Darstellungen des Gehirns entwickelt hat. Diese neue Richtung versucht das, was einen Menschen im Sinne seiner individuellen Verkörperung ausmacht, wieder stärker in den Vordergrund zu stellen. Vereinfacht gesagt, hat man sich in der Hirnforschung von der Gleichung: „Gehirn gleich Computer" zugunsten einer Theorie verabschiedet, die zu einer Re-Individualisierung des Gehirns führt. Dabei wird das Gehirn in Interaktion mit dem Körper bzw. mit seiner Umwelt gesehen. Dementsprechend wird beispielsweise auch den Emotionen eine wichtige Rolle bei Denkvorgängen eingeräumt, was beim klassischen Computer-Modell ausgeschlossen war.

Gabriele Werner: Kann es sein, dass die Frage danach, warum es zu einem mimetischen Verfahren kommt, deshalb so schwer zu beantworten ist, weil sich im Bild mehr manifestiert, als es vorgeben soll, nämlich, wie Sie es selbst einmal nannten, belegte Forschungswahrheiten zu repräsentieren?[1]

Michael Hagner: Bilder sind in der Lage, durch unterschiedliche soziale Räume und Medien zu mäandern und sich in ihnen zu entfalten. Es gibt bestimmte Überschneidungsbereiche zwischen einem Hirnbild in einer klinischen Besprechung, auf einem wissenschaftlichen Kongress, im Gerichtssaal oder in einer Wochenzeitschrift. Aber trotzdem werden an diesen verschiedenen Orten jeweils immer auch andere Bedeutungsebenen mitgeliefert, und diese Art von

---

1 Vgl. Michael Hagner: Hirnbilder. Cerebrale Repräsentation im 19. und 20. Jahrhundert. In: Der Entzug der Bilder. Visuelle Realitäten, hrsg. von Michael Wetzel, Herta Wolf, München 1994, S. 158.

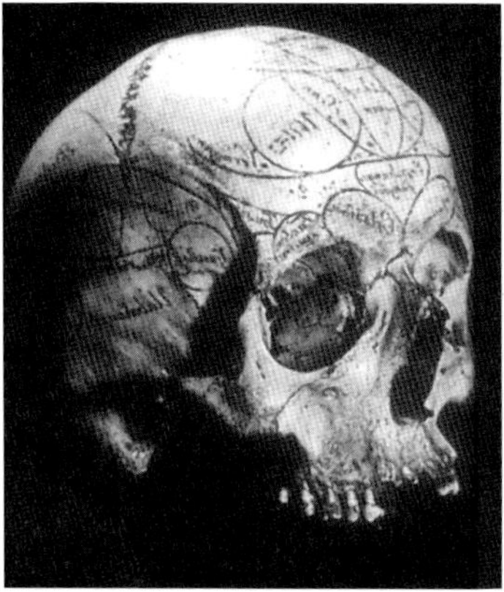

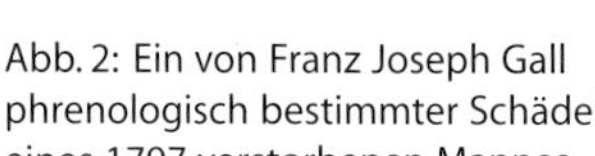

Abb. 2: Ein von Franz Joseph Gall
phrenologisch bestimmter Schädel
eines 1797 verstorbenen Mannes.

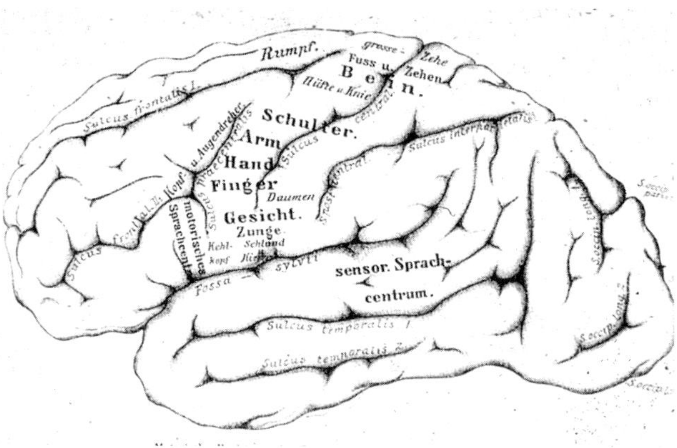

Abb. 3: Motorische Region an der Convexität der Hirnrinde beim
Menschen aus H. Oppenheim, Geschichte des Gehirns, 1897.

semantischem Gehalt, der historisch aufgeladen wird, hat eine Grafik nicht, solange diese nicht ihrerseits zu einem Bild geworden ist.

Horst Bredekamp: Wenn wir uns auf diese Unterscheidung einlassen und feststellen, dass Messergebnisse in höchst komplexen Verfahren in Bilder umgesetzt
werden, deren Deutungsmöglichkeit nie vollständig eingefangen werden kann,
dann ist umso mehr zu fragen, warum auf Seiten der Naturwissenschaften
bisweilen die Tendenz zu erkennen ist, Bilder gutgläubig wie natürliche Objekte
wahrzunehmen, obwohl niemand daran zweifelt, dass diese Bilder im Labor
konstruiert wurden, sie also auch jede andere Form hätten bekommen können?

Michael Hagner: Wir sind uns einig, dass ein enormer artifizieller Aufwand zu
leisten ist, um ein natürlich aussehendes Bild zu erzeugen. Eben habe ich vom
Überschuss geredet, es gehen aber natürlich auch Informationen verloren. Für
mich ist es eine der interessantesten wissenschaftshistorischen Fragen, in
welchen Konstellationen man nun zur Ikonophilie tendiert, und in welchen das
zum Problem wird, das heißt, dass man sich eher auf Kurven, Grafiken und
Tabellen bezieht. Der Synergismus und Antagonismus verschiedener Visu-
alisierungsstrategien scheint mir viel interessantere Perspektiven zu eröffnen als
beispielsweise der immer noch kursierende Begriff der Illustration, mit dem
man sich viel zu lange getröstet hat, auch wenn Bilder in verschiedenen historischen Kontexten tatsächlich nur als Beiwerk benutzt wurden. Umgekehrt
enthalten aber auch viele Kurven, wenn man sie als Zeichen im Unterschied
zum Bild beschreibt, mehr Informationen als wir verstehen können. Auch eine
solche Aufzeichnung produziert einen Überschuss. Man wählt aus und gleicht
das mit anderen Informationen ab.

Horst Bredekamp: Ich greife Ihren Einwand auf und möchte ihn auf das
Problem der Unterschätzer und der Überschätzer von Bildern engführen. Die

Überschätzer scheinen auf einer oft wenig bewussten, blind gläubigen Art dem Bild zu trauen, während die Unterschätzer Bilder als bloße Illustrationen bewerten. Es scheint die Hauptaufgabe einer analytischen Bildtheorie zu sein, Bilder weder zu überhöhen noch zu unterschätzen, sondern sie in ihren Eigenarten und in ihrer spezifischen Erkenntniskraft genau zu beschreiben und ihnen Bodenhaftung in ihrer eigenen Sphäre zu geben. So einfach dies klingt, so außerordentlich schwierig ist dies. Meines

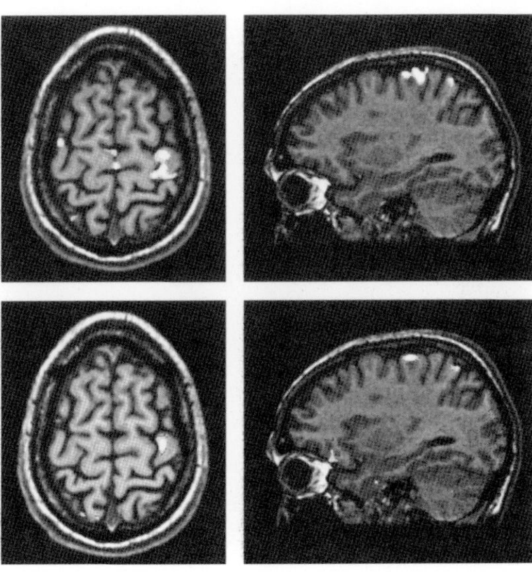

Abb. 4: Transversale und sagitale Schichtbilder des Gehirns eines Probanden. Markiert sind durch Bewegungen von Finger und Zunge aktivierte Hirnregionen im motorischen Cortex.

Wissens fehlen naturwissenschaftliche Theorien des Bildes, die Bilder zunächst als Bilder einfangen, um dann ihren Status als Wahrheitsagent, Täuscher oder bloßer Illustrator zu bestimmen.

Michael Hagner: Heidegger hat mit seinem Satz, die Wissenschaft denke nicht, wohl ins Schwarze getroffen. In den Naturwissenschaften werden bestimmte Fragen gestellt, Probleme gelöst und neue Probleme erzeugt. Der Umgang mit Bildern ist so pragmatisch, wie die Mathematik zu ihrer Erzeugung kompliziert ist. Das heißt, es bildet sich eine bestimmte Konvention, an der entlang Bilder hergestellt und immer ein bisschen verändert werden. Manchmal gibt es technologische Schübe mit ganz neuen, überraschenden Bildern. Fragt man nun Naturwissenschaftler, was Bilder für sie bedeuten, erhält man ein erstaunliches Spektrum von Antworten. Das reicht von sehr nüchternen und zurückhaltenden, an ganz spezifischen Fragestellungen orientierten Antworten, bis hin zu weit gehenden Schlussfolgerungen, die über die Ränder der engeren Forschung hinausreichen.

Horst Bredekamp: Nun gibt es seit geraumer Zeit, und Sie selbst sind mit ihren jüngeren Arbeiten ja ein produktives Beispiel dafür, eine gewisse Affinität unter dem Motto: „Wissenschaft zur Kunst".

Michael Hagner: In der zweiten Hälfte des 20. Jahrhunderts haben sich Naturwissenschaften und Technik als Hüter der Moral gesehen, wodurch sie die politische und Wissensordnung zu sichern halfen. Nach dem Ende des Kalten Kriegs ist dieses Bündnis von Wissen und Moral hinfällig geworden, und viele

Wissenschaftler haben unter dem Druck, sich in der Öffentlichkeit neu legitimieren zu müssen, die Kunst als neuen Partner gesucht. Das Ganze spielt sich natürlich als ein Oberflächenphänomen ab. Das heißt, man spricht mit Künstlern, man sucht die Nähe zur Kunst etwa in Ausstellungen, und man übernimmt bestimmte Darstellungsformen, mit denen man Anspielungen auf einen bestimmten visuellen Kodex machen kann. Es ist nun eine interessante Frage, ob und inwiefern bestimmte Grundlagen und epistemisch relevante Verfahrensweisen der Wissenschaften davon berührt werden – was die Wissenschaftler selbst wohl erst einmal ablehnen würden.

Gabriele Werner: Bedeutet das, dass die Zusammenarbeit zwischen KünstlerInnen und NaturwissenschaftlerInnen deshalb ein Oberflächenphänomen ist, weil nicht begriffen wird, dass das Herstellen von Bildern auch ein Herstellen von Wissen ist? Dass angenommen wird, das Wissen sei vor den Bildern und bliebe von den formalen, technischen und motivischen Bildgebungen unbeeinflusst?

Michael Hagner: Ich glaube, dass heute niemand mehr so naiv ist zu meinen, ein im Bild vermittelter empirischer Befund sei das Objekt selbst. Dass im Bild immer eine gewisse Unschärfe vorherrscht, die zugleich mehr und weniger enthält als der Gegenstand selbst, würde heute wohl kaum jemand bestreiten. Schon ein Robert Koch wusste ja, dass die Abbildung eines Gegenstands, sprich des Bakteriums, wichtiger sein kann als der Gegenstand selbst.

Horst Bredekamp: Allerdings verfolgte er damit eine Doppelstrategie. In dem Moment, in dem er die Existenz der Bakterien in der Fotografie nachwies, propagierte er zugleich ein Medium, das in diesem Kontext seine Akzeptanz noch nicht durchgesetzt hatte. Die durchzusetzende Beobachtung und die Propaganda eines Bildrahmens gingen Hand in Hand.

Michael Hagner: Das Beispiel Robert Koch führt uns wieder auf den Punkt des mimetischen Prinzips und der damit zusammenhängenden Durchsetzung von Darstellungstechniken zurück. Ähnlich war das bei Kochs Zeitgenossen, dem Anthropologen Gustav Fritsch. Fritsch versuchte mittels der Mikrofotografie nachzuweisen, dass der Haarboden und die histologische Struktur der Kopfhaut ein zuverlässiger Parameter für die physische Differenzierung der Rassen sei. Den großen Vorzug der Mikrofotografie sah Fritsch darin, dass sie das Bedürfnis nach Anschauung bediente. Die Zeichnung war für ihn kein Bild, sondern nur eine unsichere Umsetzung von Zahlen, die zudem unanschaulich waren. Daran wird deutlich, dass die Etablierung bestimmter Medien stets im Zusammenhang mit Sehgewohnheiten, Werten und spezifischen Forschungskulturen zu verstehen ist.

Gabriele Werner: Ich möchte noch einmal auf die Frage zurückkommen, zu welchem Nutzen die Kunstgeschichte als historische Bildwissenschaft für eine naturwissenschaftliche Theorie vom Bild als Bild sein kann. Mir scheint, als wären über den Begriff der Bildwissenschaft die Bildgebungen in den Naturwissenschaften zwar mehr und mehr Gegenstand einer Arbeit am Bild geworden, im Grunde aber immer noch ein tiefer Unwille gegenüber einer wirklichen interdisziplinäre Bildforschung geblieben ist.

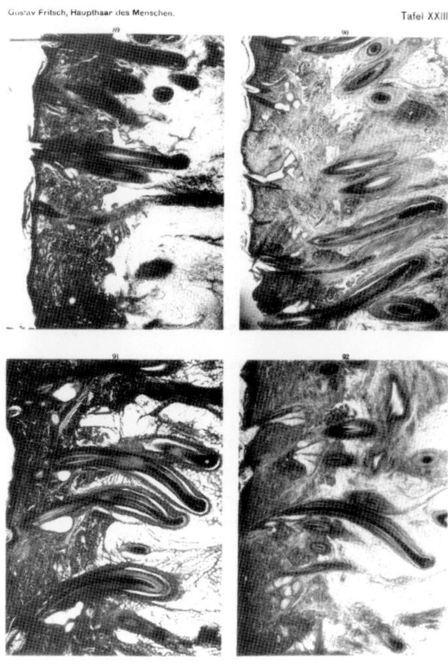

Abb. 5: Gustav Fritsch, Mikrofotografische Übersichtsbilder des Haarbodens mit deutlichem Anschnitt von Follikel und Papille, 1912.

Michael Hagner: Das hängt damit zusammen, dass unsere akademischen Strukturen und die Art und Weise, wie Wissenschaftler ausgebildet werden, für die uns interessierenden Fragen nicht recht gerüstet sind. Diese lassen sich eben nicht mehr unbedingt in engen disziplinären Formationen beantworten. Ich habe keine Ahnung, ob aus der Bildwissenschaft eine neue Disziplin wird, aber ich bin mir ziemlich sicher, dass historische Bildwissenschaft nicht ohne Kunstgeschichte auskommt. Das wäre nach meinem Verständnis aber keine Kunstgeschichte im traditionellen Sinne, sondern etwas, was an ihren Rändern stattfindet, vielleicht auch kaum unterscheidbar von Wissenschaftsgeschichte, Mediengeschichte, und – je nach Bildgegenstand – von anderen Wissenschaften. In dieser Gemengelage lassen sich die kulturellen und sozialen Aktivitäten und Bezüge der Naturwissenschaften aufdecken. Man muss aber ebenso akzeptieren, dass eine Historisierung und Kontextualisierung von Bildern für "Science in Action" erst einmal überflüssig und unmittelbar im Labor wenig hilfreich ist.

Horst Bredekamp: Birgt aber eine solche Zuordnung der Aufgabenbereiche nicht die Gefahr, dass die Geisteswissenschaften nochmals auf die Rolle eines Zuträgers begrenzt werden? Es scheint doch eher umgekehrt zu sein: dass sich die bildintensiven Naturwissenschaften um einen markanten Erkenntnisgewinn bringen, wenn sie ihrerseits nicht üben, genauestens auf die Formbildungen zu achten, diese analytisch zu sezieren und zu historisieren. Wäre eine präzise Analyse der Form nicht der notwendige Schritt, um im Sinne des genuin naturwissenschaftlichen Eigeninteresses sowohl den Bildüberschätzern wie den Bildunterschätzern entgegenzutreten?

Michael Hagner: Da es mit dem Historisierungsgeschäft innerhalb der Naturwissenschaften immer so eine Sache ist, wäre hier möglicherweise ein fruchtbarer Anknüpfungspunkt für Bilderzeuger und historische Bildwissenschaften. Dazu gehört zweifellos die Frage, warum bestimmte Formen wirkmächtig werden und andere nicht. Auch bei den bildintensiven Naturwissenschaften sollte man aber nicht vergessen, dass das Bild nur ein – wenn auch wichtiger – Akteur unter mehreren ist.

Gabriele Werner: Kann es so etwas geben wie eine Form- oder Stilgeschichte des naturwissenschaftlichen Bildes?

Michael Hagner: Nein. Ich bin nicht der Ansicht, dass es sehr ergiebig wäre, die Visualisierung von Zellen vom 18. Jahrhundert bis heute in eine Art Stilgeschichte einzuschreiben. Man würde die sehr divergenten Probleme und Phänomene der Wissenschaftsgeschichte über einen Kamm scheren und könnte so der epistemischen Wirkmacht dieser unterschiedlichsten Bilder, die ja von experimentellen Verfahrensweisen, technischen und apparativen Voraussetzungen, lokalen Wissenstraditionen und Mentalitäten nicht loszulösen sind, möglicherweise nicht mehr gerecht werden.

Gabriele Werner: Ich würde dem entgegenhalten, dass man nicht ohne ikonografische Reihe verstehen kann, wie sich das Wissen über die Zelle sukzessiv erweitert und wie sich das Bild der Zelle auf Grund der veränderten technischen Bedingungen der Herstellung verändert hat.

Michael Hagner: Das schon, aber man könnte diese Geschichte der bildlichen Darstellung nicht ohne Berücksichtigung des gesamten nicht-visuellen Bereiches schreiben; Zelltheorien sind nicht nur auf das zu reduzieren, was man unter dem Mikroskop sieht. Auch ist mir noch nicht ganz klar, wie man in einer ikonografischen Reihe das unterbringen will, für das es keine rechten visuellen Vorbilder gibt, also den Schmutz oder die Störfälle oder die Irrtümer, die ja die wissenschaftliche Arbeit permanent begleiten.

Horst Bredekamp: Wir werden versuchen, ihre Skepsis vor dem Hintergrund der Theorie einer "Kunstgeschichte ohne Namen", einer entindividualisierten Strukturentwicklung des Sehens und Darstellens, so wie sie Wölfflin und Riegl um 1900 entwickelten, zu widerlegen. Es scheint nicht ausgemacht, ob sich nicht auch naturwissenschaftliche Bilder in einem solchen Maß auf ihre eigene Vorgeschichte der Bilder und nicht nur auf die jeweils aktuelle Erkenntnisleistung beziehen, dass von einer veritablen Traditionsbildung gesprochen werden kann.

Michael Hagner. Ich würde darauf insistieren, dass Traditionen, Vorgeschichten und Stile sich immer wieder in einer bestimmten historischen Konstellation behaupten müssen. Bilder können durch Theorien generiert werden und umgekehrt. Würde man diese Überschneidung synchroner und diachroner Aspekte unterschlagen, beraubte man sich eines effektiven Instrumentes, das uns die historische Realität der Naturwissenschaften - und darum geht es ja - besser verständlich machen kann.

Horst Bredekamp: Sie unterscheiden zu Recht zwischen visueller Oberfläche und nicht-bildlichem Gehalt, aber genau um diesen geht es auch uns, allerdings vom anderen Pol, dem Bild her. Vielleicht scheitert der Versuch schon im Ansatz; vielleicht aber ergeben sich überraschende und noch kaum absehbare Ansätze einer Stilgeschichte als einer komplexen Abfolge unbewusster oder bewusster Bildprägungen naturwissenschaftlicher Labors. Wie auch immer.
Lieber Herr Hagner, haben Sie herzlichen Dank für das Gespräch.

Bücherschau: Wiedergelesen

Linda Dalrymple Henderson: The Fourth
Dimension and Non-Euclidean Geometry in
Modern Art, Princeton, New Jersey: Princeton
University Press 1983.

Spätestens seit Siegfried Giedions „Space,
Time and Architecture" von 1941 treffen
wir in der Kunstgeschichtsschreibung der
Moderne auf die Behauptung eines kau-
salen Zusammenhangs zwischen dem neuartigen Raum-Zeit-Begriff der Einstein-
schen Relativitätstheorie und der Negation
des zentralperspektivischen Bildbegriffs
durch den Kubismus. Auf der Basis eines
detaillierten Quellenstudiums konnte
Linda D. Henderson in ihrer Abhandlung
„The Fourth Dimension and Non-Euclidean Geometry in Modern Art" 1983
nachweisen, daß es für diese Behauptung
keine historischen Belege gibt. Der Begriff
der „vierten Dimension", den kubistische
Künstler und Kritiker zur wissenschaftlichen Rechtfertigung des Bruchs mit dem
zentralperspektivischen Weltbild häufig
zitiert hatten, meinte nicht die Zeit,
sondern eine zusätzliche räumliche Dimension und ging zurück auf die in der
zweiten Hälfte des 19. Jahrhunderts sich
rasch entwickelnden Entwürfe zu einer
vier- beziehungsweise n-dimensionalen
Geometrie. Erst im Zuge der Populari-
sierung von Einsteins Allgemeiner Relativitätstheorie im Gefolge ihrer spekta-
kulären Bestätigung durch die Messungen
der Abweichungen der Lichtstrahlen bei
einer Sonnenfinsternis im Jahre 1919 trat
in der künstlerischen Theoriebildung die
Auffassung der „vierten Dimension" als
Zeit an die Stelle der vorhergehenden
Deutung als zusätzlicher Dimension eines
„Hyperraums".
Der Schwerpunkt von Hendersons Studie
liegt auf den Pariser Gründungsjahren des
Kubismus, daneben gilt ihr Interesse der
Bedeutung der Ideen eines nichteuklidischen und / oder vierdimensionalen
Raums bei der Ausarbeitung des italie-
nischen und russischen Futurismus, des
Suprematismus, des Konstruktivismus und
des Surrealismus. Die von der Autorin

angeregte Ausdehnung ihrer Fragestellung
auf den englischen Vortizismus und den
deutschen Expressionismus ist weiterhin
ein Forschungsdesiderat.
Bei einer erneuten Lektüre des Buches im
Abstand von fast zwei Jahrzehnten fällt
auf, daß nicht nur die künstlerische Entwicklung im Deutschland des frühen 20.
Jahrhunderts, sondern ebenso die zahlreichen und oft grundlegenden deutsch-
sprachigen Publikationen zur nichteuklidischen und vierdimensionalen Geometrie der Jahre 1880 bis 1920 bis auf
wenige Ausnahmen nicht berücksichtigt
worden sind. Ein ausführliches Verzeichnis
dieser Quellenschriften findet sich in
Roland W. Weitzenböcks „Der vierdim-
ensionale Raum", der umfassendsten, von
Henderson nicht zur Kenntnis genommenen wissenschaftsgeschichtlichen Abhandlung zum Thema in deutscher Sprache. Das bereits 1929 erschienene, 1955
wesentlich erweiterte Buch (Birkhäuser
Verlag, Basel und Stuttgart) behandelt
nicht nur die mathematik- und geome-
triegeschichtlichen Aspekte der Idee des
vierdimensionalen Raums, sondern ebenso
deren Interpretation im Kontext von
Spiritismus, phantastischer Literatur und
Metaphysik.
Ein methodisches Problem der Abhandlung Hendersons ist die Verengung der
Forschungsperspektive auf die literari-
schen Zeugnisse. Untersucht wird, ob und
wie Künstler und Kritiker über Theoreme
der nichteuklidischen und vierdimensionalen Geometrie nachgedacht haben, ohne
die grundsätzliche Frage zu stellen, welche
Veränderung diese Theoreme in dem
Augenblick erfuhren, in dem sie in künstlerische Material- und Formzusammen-
hänge transponiert wurden. An keiner
Stelle wird die bildende Kunst als eigenständige Wissensform thematisiert, das
Verhältnis zwischen künstlerischem und
wissenschaftlichem Denken wird einseitig
als „Einfluß" des letzteren auf ersteres
begriffen. Dadurch geraten weder die Differenz zwischen einem geometrischen und
einem pseudogeometrischen Denken in
den Blick noch die fundamentalen Form-
probleme, die sich daraus ergeben, eine

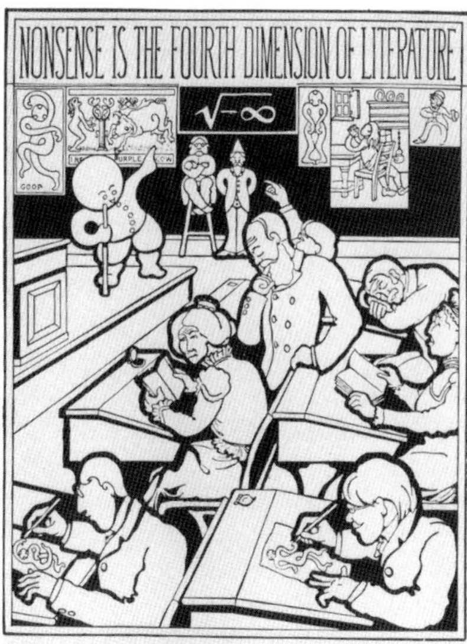

Gelett Burgess, Frontispiz vom The Burgess Nonsense Book, New York, 1901.

prinzipiell unanschauliche Gegebenheit zur Anschauung bringen zu wollen. Ganz zu schweigen von einer Umkehrung der Perspektive, die danach fragte, welche ikonischen Konventionen in die von den Geometern zur Veranschaulichung ihrer Theorien hergestellten Zeichnungen und skulpturalen Demonstrationsobjekte eingegangen sind, eine Blickumkehrung, die gewiß erst Forschungsansätze der jüngeren Wissenschaftsgeschichte nahelegen, ohne die eine Lektüre von „The Fourth Dimension and Non-Euclidean Geometry in Modern Art" heute jedoch nicht mehr möglich ist. Sie wurde bereits Mitte der dreißiger Jahre in der – von Henderson außer Acht gelassenen – theoretischen Auseinandersetzung zwischen Christian Zervos und André Breton über die Bedeutung der mathematischen Objekte für die Entwicklungsrichtung der künstlerischen Moderne virulent.

Der in dem Streben nach Visualisierung eines Denkmodells, das keinerlei Bezug auf konkret sichtbare Wirklichkeit hat, inhärente bildästhetische Widerspruch hat die meisten Künstler und Kritiker dazu veranlaßt, die „vierte Dimension" rein metaphorisch oder analogisch zu verstehen. Apollinaire verwendete sie sowohl als mathematische Metapher für Unendlichkeit als auch für die Imagination schlechthin, Duchamp begriff sie als Sinnbild des Möglichen, alles dessen, was denkbar, aber physikalisch nicht nachweisbar ist, für Matta und Dominguez war sie gleichbedeutend mit der kosmischen Dimension. Die Mehrzahl der Künstler und Kritiker, haben der „vierten Dimension" eine metaphysische Bedeutung gegeben. Sie verwendeten sie als Metapher für ein Weltbild, in dem wieder Raum für die Dimension des Unsichtbaren war, nachdem das naturwissenschaftliche Denken das Numinose scheinbar für immer daraus vertrieben hatte. Die in unterschiedliche Bildtheorien eingebettete, metaphorische Struktur des Begriffs der „vierten Dimension" wird von Henderson in Einzelfällen durchaus benannt, doch insgesamt nicht als ästhetisches Problem anerkannt und analysiert. So entsteht bei der Lektüre des Buches nicht selten der trügerische Eindruck, kubistische, futuristische, konstruktivistische und suprematistische Gemälde seien Veranschaulichungen, wenn nicht Illustrationen von Theoremen der nichteuklidischen und vierdimensionalen Geometrie.

Bei allen kritischen Einwänden, die die Lektüre dieses Buches heute wecken mag, es bleibt eine bedeutende quellenkundliche Abhandlung, die für alle, die sich mit den geometrischen Grundlagen der Hauptwerke der klassischen Moderne beschäftigen, weiterhin von großem Nutzen ist.

Herbert Molderings

Bücherschau: Rezensionen

Peter Geimer (Hg.): Ordnungen der Sichtbarkeit. Fotografie in Wissenschaft, Kunst und Technologie, Frankfurt am Main: Suhrkamp, 2002.

Der von Peter Geimer herausgegebene Sammelband „Ordnungen der Sichtbarkeit" ist zu jenen Publikationen zu zählen, die in den letzten Jahren zur Rolle des Bildes in Wissenschaft und Kunst im

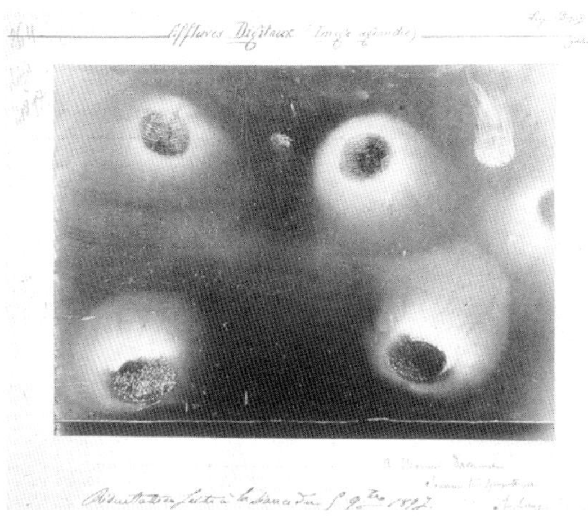

Jules Luys, Fluidalfotografie, 1897.

allgemeinen und zur Wahrnehmungsgeschichte der Fotografie im speziellen erschienen sind. Die Qualität dieser Textsammlung ist insbesondere der von Geimer eingangs sorgfältig formulierten Fragestellung und deren Projektion auf ein einzelnes Bildmedium zu verdanken: Am Beispiel der „Fotografie in Wissenschaft, Kunst und Technologie", so der Untertitel, stehen die jeweils konstitutiven Beteiligungen des Ästhetischen an der Wissensproduktion bzw. die Abhängigkeit des Bildbegriffes von technischen und wissenschaftlichen Praktiken im Mittelpunkt. Die zwölf ausgewählten Beiträge aus Kunst- und Wissenschaftsgeschichte, Kultur- und Literaturwissenschaft untersuchen anhand konkreter Beispiele einzelne Konstruktionsformen fotografischer Sichtbarkeit, die nicht als „fraglos gegebene Qualität", sondern als im jeweiligen Kontext ermittelte und neu gestaltete Ordnungsform beschrieben wird. Dabei behandeln die Autoren Bilder aus so verschiedenen Anwendungsbereichen wie etwa Naturwissenschaften, Medizin, Okkultismus, Literatur und bildender Kunst; die Konzentration auf das 19. Jahrhundert führt dennoch zu zahlreichen Querverbindungen zwischen den einzelnen Artikeln. So deuten Lorraine Daston und Peter Galison in ihrem Eröffnungsessay die Fotografie als Symbol eines neuen Begriffes von *mechanischer* bzw. *nicht-intervenierender* Objek-

tivität Mitte des 19. Jahrhunderts. Jutta Schickore greift diesen Terminus in ihrem Beitrag über die „Fixierung mikroskopischer Beobachtungen" auf, stellt ihn jedoch anhand der Debatte um den Nutzen fotografischer Bilder im Vergleich zu Zeichnung oder Dauerpräparat in Frage. Weniger von der Objektivität, so Schickore, als vielmehr von einer jeweils medienspezifisch definierten Naturtreue sei die Beweiskraft eines mikroskopischen Bildes und damit auch die Entscheidung für oder gegen die fotografische Technik abhängig gewesen.

Auch durch solche Spannungsverhältnisse ist der als vergleichende Zusammenschau konzipierte Sammelband in jedem Fall ein gelungener Beitrag zur Analyse der Fotografie im 19. Jahrhundert. Dessen übergeordnete Frage danach, wo und wie ästhetische Prozesse und technisch-wissenschaftliche Praxis den Bildbegriff prägen, stellt sich außerdem für jede Untersuchung der wissensformierenden Rolle von Bildern – nicht nur fotografischer.

Anette Hüsch

Siegfried Zielinski: Archäologie der Medien. Zur Tiefenzeit des technischen Hörens und Sehens, Reinbek bei Hamburg: rowohlts enzyklopädie 2002.

In dem Augenblick, in dem das Sehen und Hören nicht mehr unmittelbar, sondern durch ein Medium vermittelt gedacht wird, tauchen zwei Reaktionen auf: die eine wird von der Sorge motiviert, wie die Täuschungen der medialen Trugbilder zu überwinden sind, die andere von der Lust, den Zwischenraum des Medialen zu gestalten, Welten zu inszenieren.

Siegfried Zielinski lässt in seiner jüngst erschienenen „Archäologie der Medien" keinen Zweifel, welchem Anliegen seine Sympathie gehört. Es sind die experimentierfreudigen Gestalter, die im medialen Spiel der Illusionen und Kombinatoriken verborgene Facetten der Wirklichkeit aufspüren und krisenhafte Spaltungen zu überwinden suchen.

Von den vorsokratischen Wahrnehmungstheorien des Empedokles und Demokrit,

in denen ein materiales Medium erst auf-
taucht, geht Zielinski weiter zu dem Nea-
politaner Giovan B. della Porta, der im 16.
Jhd. experimentierend die "Magia natu-
ralis" ergründet und durch die Erfindung
von Geheimschriften den freundschaft-
lichen Austausch der Gelehrten vor der
Inquisition zu schützen sucht; zu Athana-
sius Kircher, der im 17. Jahrhundert die
Welt als Kombinatorik von Zeichen
inszeniert und so ihre katholische Einheit
gegen die religiösen Spaltungen zu vertei-
digen trachtet; zu dem Naturforscher
Johann W. Ritter, der um 1800 mit seinen
selbstzerstörerischen Elektrizitätsexperi-
menten das Ziel verfolgt, Descartes Trennung des Subjekts von der Natur aufzu-
heben; Jan E. Purkyně und Josef Chudy,
die im Paradigma des Elektrischen als
Brücke zwischen Physischem und Psychi-
schem die Physiologie des Sehens und die
Möglichkeiten der Telegraphie erforschen;
zu dem Physiognomen der Delinquenz
Cesare Lombroso und dem sozialistischen
Tayloristen Aleksej Gustav, die die Varia-
tionen und Prozesse des Lebendigen in
eigens geschaffene Notationen transkri-
bieren.
Zielinskis Archäologie ist eine reichhaltige
und klug montierte Mediengeschichte, die
mediale Konstellationen als Experimen-
tierfelder lebendig werden läßt, nicht
zuletzt, um an die Potentiale des Magi-
schen zu erinnern, die auch in unserer
heutigen Welt allgegenwärtiger Medien
bestehen.

Werner Kogge

Bettina Heintz/Jörg Huber (Hg.): Mit dem
Auge denken. Strategien der Sichtbarmach-
ung in wissenschaftlichen und virtuellen
Welten. Institut für Theorie der Gestaltung
und Kunst, T:G\01, Zürich, Wien, New York:
Edition Voldemeer, Springer, 2001.

Das Thema dieses Bandes ist program-
matisch zu lesen: Der an das Sapere aude!
erinnernde Titel „Mit dem Auge denken"
verkündet eine epistemische ‚Schubum-
kehr'. Ist seit dem Idealismus das dem
Denken eingesetzte Auge vertraut, das die
Selbstgegenwart der Reflexion verkör-

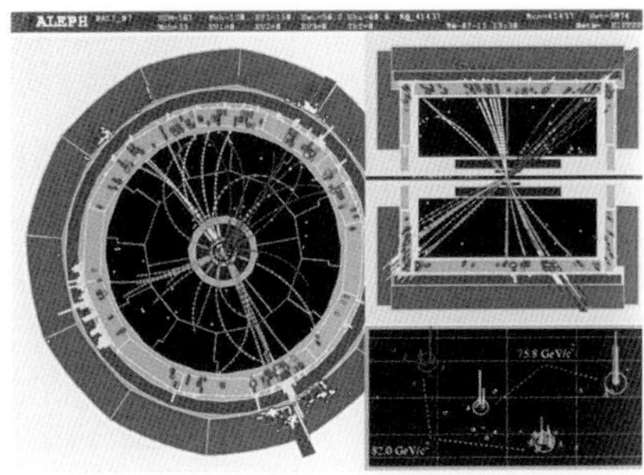

Frontalansicht und Seitenansicht eines Vier-Jet
Ereignisses.

pert, wird hier nun – umgekehrt? – dem
Auge das Denken imputiert. Der Band ist
ein Beitrag zur Diskussion um den „iconic
turn" und zwar mit besonderem Akzent
auf den Funktionen des Bildes in den
Natur- und Computerwissenschaften, der
Mathematik und den neuen Medien. Es
geht den Herausgebern um die technischen Verfahren, mit denen „das Unsicht-
bare im Medium des Bildes vorstellbar
gemacht wird" (9) und angesichts der in
Paris proklamierten „Krise der Repräsentation" um die Formen und Funktionen
der optischen Präsentation („Sichtbar-
Machung" 12), und zwar jenseits der Abbildung und damit jenseits der Beherrschung des Bildes durch etwas Abgebil-
detes. Wo Bilder nur heuristische Funktion
haben, wie in der Mathematik, bleiben sie
anscheinend subsidiär, wenn auch hilfreich. Erst wenn sie unentbehrlich, irre-
duzibel und als Gegebenheitsweise basal
für die Erkenntnis sind, wie am Computer,
gerät der Aufklärungsverstand ins Wanken.
„Laßt uns Bilder machen" wäre die Pathos-
formel dieses neuen Denkens, eine Ver-
nunft des Leibes oder zumindest der
Augen. Nur stößt solch ein intellectus
archetypus gelegentlich auch an seine
Grenzen, etwa angesichts des Anderen,
der nie im Bild aufgeht – und im Bild auch
nie als radikal Anderer präsent sein wird.
Die neuen Visualisierungstechniken der
Medizin dienen „einer extremen Auskund-
schaftung und damit einer Beherrschung
des Menschen" (G. Boehm, Zwischen
Auge und Hand, 52).

Wenn es dem Aufruf „Mit dem Auge denken" nicht um die Eroberung des Unsichtbaren mit den Mitteln des Bildes gehen soll, wäre noch einmal phänomenologisch der intrikate Entzug des Unsichtbaren zu erörtern, sofern es sich nicht präsentieren läßt oder sofern ihm beispielsweise aus medienpolitischen Gründen die Präsenz vorenthalten wird. Um so aufregender aber wäre es, auf diesem Hintergrund noch einmal Hans Blumenbergs Frage nach der Metapher und „ihren Verwandten" im wissenschaftlichen Text nachzugehen. Denn der eignet, was Boehm dem ästhetischen Bild vorbehält: „Anspielungsreichtum, Metaphorizität, visuelle Dichte oder Selbstreferenz" (53). Eine Probe darauf wäre, wenn in einem künftigen Band eine der Hintergrundthesen dieses Bandes geprüft würde, daß „wir auf unserem anthropologischen Grunde metaphorische Wesen sind" (G. Boehm, 46), weswegen die Herausgeber sogar fragen, „ob wir nicht besser von visueller Metapher denn von Bild sprechen sollten" (35; vgl. 169).

Philipp Stoellger, Zürich

Projektvorstellung

Geschichte, Gehalt und Veränderung wissenschaftlicher Abbildungen:
Ein Projekt des Lehrstuhls für Wissenschaftstheorie und Wissenschaftsgeschichte in Bern

Abbildungen sind wichtige Quellen für die Geschichte und Philosophie der Naturwissenschaften – so viel ist heute unbestritten. Auf welche Weise diese Bilddokumente jedoch genutzt und interpretiert werden können und welche theoretischen Überlegungen dies voraussetzt, ist nach wie vor Gegenstand kontroverser Debatten. Diesen Fragen stellte sich auch das Projekt „Geschichte, Gehalt und Veränderung wissenschaftlicher Abbildungen", das in den Jahren 2000 bis 2002 unter der Leitung von Prof. Dr. Gerd Graßhoff am Lehrstuhl für Wissenschaftstheorie und -geschichte in Bern durchgeführt wurde. Zwei abgeschlossene Dissertationen von Hans-Christoph Liess und

Kärin Nickelsen liegen als Ergebnisse des Projekts bereits vor. In diesen Arbeiten wurde je ein umfassender Bestand an Abbildungen bearbeitet, aus der Geschichte der Astronomie respektive der Botanik. Darüber hinaus wurde ein allgemeiner Ansatz zur Analyse wissenschaftlicher Abbildungen erarbeitet sowie die digitale Arbeitsumgebung COMPAGO zur elektronischen Publikation des Quellenmaterials.

Das Teilprojekt „Planzenbilder des 18. Jahrhunderts", durchgeführt von Kärin Nickelsen, stützt sich auf eine repräsentative Auswahl an Pflanzenzeichnungen aus dem Zeitraum von 1700 bis 1830. Dazu wurden die Abbildungen von sechs Pflanzenarten über den genannten Zeitraum verfolgt. Diese Arten wurden einerseits besonders häufig dargestellt, wie sich anhand zeitgenössischer Bildbibliografien feststellen ließ, andererseits decken sie möglichst viele Teilbereiche der damaligen Botanik ab. An einzelnen Fallstudien wurde ergänzend der historische Kontext der Abbildungen untersucht, sowie die Zusammenarbeit zwischen Botaniker, Zeichner und Kupferstecher. Die wissenschaftlichen Pflanzenbilder des 18. Jahrhunderts, so stellte sich als erstes Ergebnis heraus, zeigen entgegen des spontanen Eindrucks keine konkreten Pflanzen, sondern abstrakte Gegenstände: Modelle von Pflanzenarten, aus denen sich Aussagen allgemeiner Art ableiten lassen. Sie entstanden in einem arbeitsteilig organisierten Verfahren am Zeichentisch und in den Werkstätten des Kupferstechers, unter ständiger Kontrolle des Botanikers. Für die untersuchte Bildauswahl konnte weiterhin ein dichtes Netz von Kopierbeziehungen nachgewiesen werden. Dieses Kopieren früherer Abbildungen ist jedoch nicht als gedankenloses Abmalen zu verstehen, verbunden mit Fehlereintrag und Informationsverlust. Vielmehr wurden nur ausgewählte Motive übernommen, und für das eigene Bild unter Anwendung wiederkehrender Strategien abgewandelt – sie wurden in gewissem Sinne verbessert, nach Maßgabe des geänderten Kontextes.

Dieses Verfahren ist im Verbund mit anderen Strategien der Bildgestaltung als ein Bemühen der Zeichner und Botaniker zu erklären, möglichst korrekte und leicht verständliche Bilder vorzulegen (Abb. 1). Erste Ergebnisse der Arbeit an diesen Bildern mit detaillierten Beschreibungen der untersuchten Abbildungen und Werke wurden bereits im Jahr 2000 von Kärin Nickelsen unter dem Titel ‚Wissenschaftliche Pflanzenzeichnungen – Spiegelbilder der Natur? Botanische Abbildungen aus dem 18. und frühen 19. Jahrhundert' in Bern publiziert.

Im zweiten Teilprojekt „Astronomische Diagramme des Frühmittelalters" bearbeitete Hans-Christoph Liess eine vollständige Sammlung aller erhaltenen astronomischen Diagramme des 9. bis 12. Jahrhunderts. Diese Diagramme entstammen der Eastwood-Collection, für die Bruce Eastwood (Kentucky) über Jahrzehnte die weltweit erhaltenen astronomischen Manuskripte zusammentrug. Aus der Periode des frühen Mittelalters sind keinerlei textliche Zeugnisse einer eigenständigen Reflexion planetenastronomischer Fragen überliefert; vielmehr wurden lediglich die Texte einiger weniger antiker Autoren wieder und wieder kopiert. Was bisher jedoch keine Beachtung fand (und in Editionen auch regelmässig fehlt!), sind die vielen Diagramme, die ab dem 9. Jahrhundert am Rande dieser Manuskripte entstanden und in den folgenden Jahrhunderten zusammen mit den Texten kopiert wurden. Ähnlich wie bei den Pflanzenzeichnungen erscheinen die Diagramme in der kopierten Version jedoch häufig verändert; und zumindest bei einem Teil dieser Veränderungen handelte es sich – wie bei den Pflanzenzeichnungen – nicht um Kopierfehler, sondern um bewusst vorgenommene Modifikationen des Bildgehalts oder seiner Darstellung nach wiederkehrenden Kriterien (Abb. 2). Als Ergebnis der umfassenden Untersuchung aller Kopierbeziehungen und Wandlungen ließ sich ein historisches Modell mit vier Phasen rekonstruieren: Die Diagramme entstanden in einer ersten Phase zu Beginn

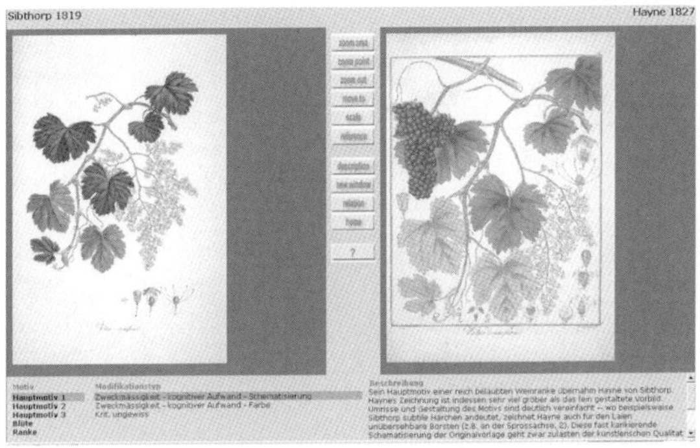

Abb. 1: Kopierbeziehung zwischen zwei Abbildungen des Weinstocks: Links die Vorlage, eine Tafel der berühmten Flora Graeca, rechts die Kopie des Motivs aus einem Handbuch für Apotheker von Friedrich Gottlob Hayne. Das kopierte Motiv wurde um eine Reihe von Informationen ergänzt, es erscheint in der späteren Version deutlich schematisiert und wurde in einigen Einzelheiten korrigiert. Die Vergleichsansicht entstammt dem Programm COMPAGO.

des 9. Jahrhunderts, um schwer verständliche Passagen antiker Texte zu klären. In einer zweiten Phase wurden diese Diagramm-Entwürfe wiederholt korrigiert, also inhaltlich verändert. In der dritten und vierten Phase wurde vor allem die Bildgestaltung optimiert. Die methodische Grundlage der Untersuchung bildete ein neu entwickeltes Verfahren zur Rekonstruktion der Kopierbeziehungen zwischen den Diagrammen, das auf einem Methodentransfer aus der philologischen Textkritik basiert.

Trotz der zeitlichen und inhaltlichen Unterschiede des Bildmaterials ergaben sich in den beiden Teilprojekten also überraschende Parallelen in Bezug auf die Entwicklung und Veränderung der Abbildungen: In beiden Fällen wurden Elemente aus Vorgängerzeichnungen kopiert und bei der Integration in das neue Bild verschiedentlich modifiziert, und zwar auf eine aktiv gesteuerte Weise, die nicht mit Flüchtigkeitsfehlern zu verwechseln ist und nach wiederkehrenden Kriterien erfolgte. An einem dritten, gemeinsam bearbeiteten Fallbeispiel wurde dieser Befund ein weiteres Mal bestätigt: Auch die Abbildungen in verschiedenen Ausgaben von Alfred Wegeners Monografie zur Drift der Kontinente wurden von ihm nach ähnlichen Strategien von Ausgabe zu Ausgabe verändert. Diese Kopier- und Modifikationsprozesse wissenschaftlicher Abbildungen ließen sich mit einem gemeinsamen theoretischen Ansatz beschreiben. Die Visualisierungselemente der Bilder und der in ihnen dargestellte Inhalt wurden dabei als je eigenständige Kategorien behandelt, die unterschiedlichen Veränderungs- und Optimierungsmechanismen unterliegen. Der Inhalt wurde einerseits nach dem Kriterium der Richtigkeit optimiert. Dieses Kriterium vermochte jedoch regelmäßig nur einen Teil der feststellbaren Modifikationen zu erklären. Als entscheidend für den größten Teil der übrigen Modifikationen erwies sich die Zweckmäßigkeit der resultierenden Abbildungen, d.h. ihre Eignung für einen bestimmten Anwendungskontext. Diese Dimension betrifft einerseits ebenfalls den Bildinhalt, indem der vermittelte Informationsgehalt so ergänzt oder reduziert wurde, wie es der jeweilige Kontext erforderte; andererseits wurde die Zweckmäßigkeit der Visualisierungselemente optimiert. So bemühte man sich häufig, denselben Gehalt mit möglichst geringem grafischen Aufwand zu vermitteln, andererseits wurden zuweilen Bildelemente ergänzt, wenn dies das Verständnis der Abbildung erleichterte. Auf diese Weise analysiert, erwiesen sich Abbildungen als unerwartet wertvoller Zugang zu einer Untersuchung der wissenschaftlichen Praxis in einer bestimmten Periode, indem Handlungen und Entscheidungen der historischen Akteure rekonstruiert werden können, über die gewöhnlich keine anderen Dokumente existieren. Ein gemeinschaftlich verfasstes Lehrbuch mit dem Titel ‚Visualisiertes Wissen, eine Einführung in die Analyse wissenschaftlicher Abbildungen‘, worin die Ergebnisse des Projektes in allgemeiner Form zusammengetragen werden, befindet sich in Vorbereitung.

Parallel zu der inhaltlichen Arbeit an den Fallstudien wurde das Programm COMPAGO zur digitalen Dokumentation des verwendeten Quellenmaterials entwickelt. Unter der URL http://penelope.unibe.ch/docuserver/compago/index.html. ist dieses Programm einzusehen. Damit sind nun zwei wichtige Bestände ganz verschiedener Abbildungstypen weiterer Untersuchung zugänglich: Eine repräsentative Auswahl botanischer Illustrationen aus dem Zeitraum von 1700 bis 1830 und eine Zusammenstellung aller astronomischen Diagramme des frühen Mittelalters.

Die Bildbeispiele zu diesem Artikel zeigen Screen-shots aus diesem Programm. Jedes Bild kann darin in Einzel- und Vergleichsansichten verschiedener Vergrößerungsstufen betrachtet werden, und detaillierte Beschreibungen der Bilder und Informationen zum Erscheinungskontext ergänzen die Präsentation. Darüber hinaus können die Bilder in der COMPAGO-Umgebung auch für eigene Interessen der Rezipienten genutzt werden: So wird nach Wunsch für jeden gewählten Bildausschnitt in beliebiger Vergrößerungsstufe eine URL-Referenz generiert, die sich in beliebige andere Verarbeitungsprogramme einfügen läßt. Damit ist ein direkter Verweis auf die Bilder aus vielen elektronischen Dokumenten möglich. Um die Bildausschnitte für die eigenen Bedürfnisse optimieren zu können, lassen sich Markierungen in den gewählten Bildausschnitt anbringen. Diese werden bei Aufruf der URL-Referenz reproduziert.

Der Entwurf der Datenbank sowie der Arbeitsumgebung, in der die Abbildungen betrachtet und weiter bearbeitet werden können, ergab sich als Erfordernis der Fallstudien. In beiden Arbeiten wurden große Bildbestände als historische Quellen bearbeitet, die auch die Evidenz für die entwickelten systematischen Thesen bilden. Diese Evidenz läßt sich in textlicher Form kaum beschreiben; in gedruckten Werken erlauben es aber die praktischen Bedingungen nicht, die Bildevidenz in befriedigender Form und in ausreichendem Umfang zu präsentieren. Insbesondere die vielen Bildvergleiche erforderten neue Mittel und Wege — dabei bot sich die digitale Edition des Materials als best-

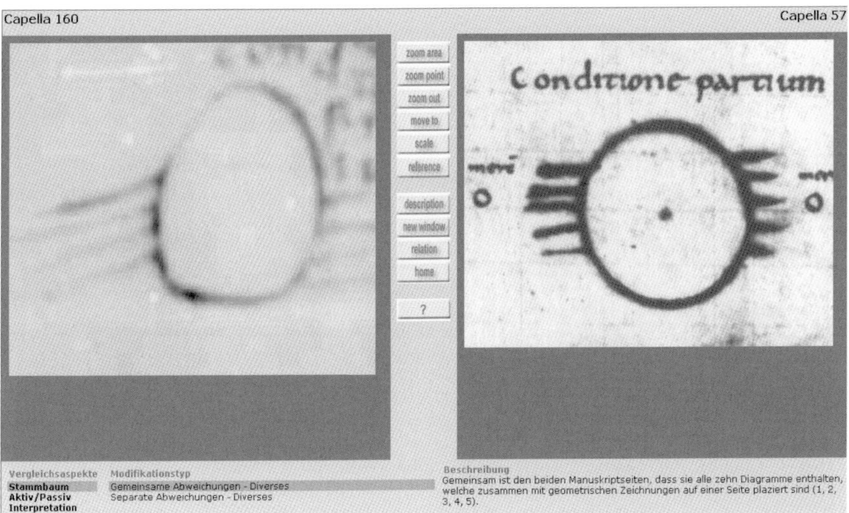

Abb. 2: Ein Vorlagen-Diagramm (links) und seine Kopie (rechts). Gegenstand des Diagramms ist die Tatsache, dass der Planet Merkur nur zu sehen ist, wenn er in einem bestimmten Abstand zur Sonne steht, da er sonst von ihr überstrahlt wird. Die Sonne ist als Kreis dargestellt, der zu beiden Seiten Strahlen aussendet. In der ersten Fassung links fehlt Merkur; in der Kopie auf der rechten Seite dagegen wurden zwei Darstellungen des Merkur eingefügt (kleine Kreise rechts und links von der Sonne). Der Inhalt des Diagramms wird damit leichter erfassbar. Die Vergleichsansicht entstammt dem Programm COMPAGO. Von links nach rechts: Leiden UB Voss. F.48, f. 92v; Paris BN 8671, f. 84r.

mögliche Variante an. Die technischen Erfordernisse waren jedoch erheblich, denn es musste eine Lösung gefunden werden, die einerseits die detaillierte Einzelbetrachtung der Bilder erlaubt – was eine hohe Auflösung der Bilddateien verlangte; andererseits musste das Tool im Alltag von durchschnittlichen Rechnern handhabbar sein – dafür durften die Bilddateien nicht zu groß sein, um die Ladegeschwindigkeit zu minimieren. Die gewählte Lösung kombiniert beide, einander konträre Erfordernisse in idealer Form: Es wird ein Bild in maximaler Auflösung auf einem zentralen Server gespeichert, von dem je nach Bedürfnis kleinere Versionen (einzelne Ausschnitte oder Gesamtansichten geringerer Auflösung) auf Anfrage über das Netz verschickt werden. Eine Einführung in die Verwendung des Programms bietet das Handbuch von Gerd Graßhoff, Hans-Christoph Liess und Kärin Nickelsen „COMPAGO – der systematische Bildvergleich", das in Bern 2001 erschienen ist. Die technischen und inhaltlichen Ergeb-

nisse des Projekts werden seit Dezember 2002 im Rahmen der breit angelegten EU-Initiative ECHO (European Cultural Heritage Online) weiterentwickelt und einer breiten Öffentlichkeit zugänglich gemacht. Die Möglichkeiten der Web-Präsentation sollen mit ECHO dazu genutzt werden, wesentliche Quellenbestände so bereit zu stellen, dass ihre wissenschaftliche Nutzung optimal unterstützt wird. Die Ergebnisse des Berner Projektes bieten dafür ein Beispiel.

Hans-Christoph Liess und Kärin Nickelsen

Bildnachweis

Titelbild: Thomas Alva Edison: Skizze einer Glühlampe, 1880. In: Harry Robin: Die wissenschaftliche Illustration, Basel u.a. 1992, S. 123.
Innentitel: Collage nach „Natura", Philipp Galle nach Marten van Heemskerck, 1572. In: The New Hollstein dutch & Flemish Etchings, Engravings and Woodcuts 1450 - 1700, hrsg. von Ger Luijten, Roosendaal 1994, S. 183.
Editorial: Etienne Jules Marey: Le mouvement, Paris 1894. S. 192, Fig. 135.
Horst Bredekamp [u.a.]: Bildwelten: Abb. 1: Galileo Galilei: Siderius Nuncius, 1610, S. 9v. **Abb. 2:** A. Donné und L. Foucault: Atlas exécute d'après nature au microscope-daguerréotype. Paris 1845, Tafel 2. **Abb. 3:** S. Th. Stein: Das Licht im Dienste der wissenschaftlichen Forschung, Leipzig 1877, Tafel 10. **Abb. 4:** links: © Disney-PIXAR-Produktion; rechts: ©Hironobu Sakaguchi. **Abb. 5:** Bettina Heintz; Jörg Huber (Hg.): Mit dem Auge Denken. Wien, New York 2001, S. 77. **Abb. 6:** Postkarte, Chemistry Gallery, Science Museum, London. **Abb. 7:** James D. Watson: Die Doppelhelix, Hamburg 1997, S. 203. **Abb. 8:** Robert Shapiro: Der Bauplan des Menschen. Bern, München, Wien 1991. S. 133, Schema 5.
Barbara Orland: Der Mensch entsteht im Bild: Abb. 1: © Fraunhofer IGD 1998 / 1999. **Abb. 2:** © http://embryo.soad.umich.edu/aboutProj/wholeProject.gif. **Abb. 3:** Ernst Martin (u.a.): MR Imaging of Brain Maturation in Normal and Developmentally Handicapped Children. In: Journal of Computer Assisted Tomography, 14 (1990) 5, S. 687.
Lisa Parks: Satellite and Cyber Visualities: Fig. 1: http://viewer.digitalearth.gov/ **Fig. 2:** http://webserv.gsfc.nasa.gov/digitalearth/dew.html **Fig. 3:** http://www.geog.ucsb.edu/~kclarke/Corona/gallery3. htm **Fig. 4:** http://www.tvgeo.com/screenshots.shtml **Fig.: 5 - 9:** http://www.geobodies.org/video/sensing/ sensing.html **Tafel 1:** http://webserv.gsfc.nasa.gov/digitalearth/dewvis.html **Tafel 2:** http://www.tvgeo.com/ screenshots.shtml **Tafel 3:** http://www.tvgeo.com/screenshots.shtml
Herbert Mehrtens: Bilder der Bewegung: Abb. 1: Frederick W. Taylor: Die Betriebsleitung insbesondere der Werkstätten. 3. Aufl., Berlin 1919, S. 55. **Abb. 2:** Frank B. Gilbreth: Bewegungsstudien. Berlin 1921, Tafel III. **Abb. 3:** Frank B.Gilbreth: Concrete System. repr. Easton Hive o. J. (orig. 1908), S. 9. **Abb. 4:** R. M. Barnes: Motion and Time Study. New York 1980, S. 20. **Abb. 5:** Frank B. Gilbreth: Motion Study for the Handicapped. London 1920, S. 16. **Abb. 6:** Lillian Gilbreth: The Quest for the one best way. o.O. 1990, S. 55. **Abb. 7:** Frank B. u. Lillian M. Gilbreth: Angewandte Bewegungsstudien. Berlin 1920, S. 42. **Abb. 8:** wie Abb. 6, S. 30. **Abb. 9:** Sprung in die Zeit, Ausstellungskatalog, Berlinische Galerie, Berlin 1992, S. 69, Abb. 197.
Bildbesprechung: Interview: Abb. 1- 4: Michael Jöcks, Landeskriminalamt Berlin.
Faksimile: Mit freundlicher Genehmigung der Berlin-Brandenburgischen Akademie der Wissenschaften, Akademiearchiv. Fotos: Barbara Herrenkind; Vergleichsabbildung: Gerhard Fasching: Sternbilder und ihre Mythen. 2. Aufl. Wien, New York 1994. S. 109.
Sandrina Khaled: Pikturale Graphismen: Abb. 1: Georg Andreas Böckler: Theatrum Machinarum Novum, Nürnberg 1673. Frontispiz. **Abb. 2:** Agostino Ramelli: The Various and Ingenious Machines of Agostino Ramelli. hrsg. und übers. von Martha Teach Gnudi, Eugen S. Ferguson, New York 1976. **Abb. 3:** Denis Diderot/Jean Le Rond D'Alembert, Encyclopédie ou Dictionnaire Raisonné des Sciences, des Arts et des Métiers, Paris 1751 – 1780, Bd. 25, Reprint: Stuttgart, Bad Canstatt 1967. **Abb. 4:** Jean Pierre Nicolas Hachette: Traité élémentaire des machines, Paris 1811. **Abb. 5:** Hans R. Hahnloser: Villard de Honnecourt. Kritische Gesamtausgabe des Bauhüttenbuches ms. fr. 19093 der Pariser Nationalbibliothek. Graz, 1972. **Abb. 6:** Robert Willis: Principles of Mechanism. 2. Aufl., London 1870. Abb. 7: Nikolaus Pevsner: Robert Willis, Northhampton (Mass.) 1970.
Martin Warnke, Raumgreifende Grafik: Abb. 1-3: privat. **Abb. 4:** Wolfgang Harms (Hg.): Deutsche illustrierte Flugblätter des 16. und 17. Jahrhunderts, Bd. 4, Tübingen 1987. **Abb. 5:** Wittelsbach und Bayern. Austellungskatalog. Bd. II/2, München/Zürich 1980. **Abb. 6, 7:** Friedrich der Große. Austellungskatalog. Berlin 1986. **Abb. 8:** Theodor Fontane: Der Schleswig-Holsteinsche Krieg im Jahre 1864, Berlin 1866. **Abb. 9:** Erich Ludendorff: Meine Kriegserinnerungen 1914-1918. Berlin 1919, S. 336. **Abb. 10:** Ebd. S. 538. **Abb. 11:** Ebd. S. 486. **Abb. 12:** Ebd. 134. **Abb. 13:** Friedrich Dettmer/Otto Jaus/Helmut Tolkmitt: Die 44. Infanterie-Division. Friedberg o.J. Tafel 4: Giselher Wirsing: Der Krieg 1939/1941 in Karten, München 1942, S. 13. Tafel 5: Ebd. S. 30. **Abb.14:** Klaus Kirchner: Flugblätter aus Deutschland 19139/1940, Erlangen 1982, S. 163. **Tafel 4:** Giselher Wirsing: Der Krieg 1939/1941 in Karten, München 1942, S. 13. **Tafel 5:** Siehe Tafel 4, S. 30. **Tafel 6:** Siehe Tafel 4, Titelblatt. **Tafel 7:** Siehe Tafel 4. S. 47.
Günter Abel, Zeichen- und Interpretationsphilosophie: Abb. 1: Charles Lipton, John Haynes: Porsche 924. Automotive Repair Manual, Haynes North America, inc. 1984. **Abb. 2:** Christine Strothotte, Thomas Strothotte: Seeing between the Pixels. Pictures in Interactive Systems, Springer, Berlin, Heidelberg 1997, S. 65. **Abb. 3:** Károly Simonyi: Kulturgeschichte der Physik. Von den Anfängen bis heute. 3. Aufl. Frankfurt am Main 2001, S. 97. **Abb. 4:** Ebd. 378. **Abb. 5:** http://home.t-online.de/home/re-wi/mengen.pdf **Abb. 6:** Christine Strothotte, Thomas Strothotte: Seeing between the Pixels. Pictures in Interactive Systems, Springer, Berlin, Heidelberg, 1997, S. 208. **Abb. 7:** Frankfurter Allgemeine Zeitung, 13.11.2002, S. 21.
Interview: Bildunterschätzung: Abb. 1: Kölnische Illustrierte Zeitung von 1931. **Abb. 2:** Schott, H: Chronik der Medizin, Dortmund 1993, S. 253. **Abb. 3:** Berliner Gehirne, Katalog, 1998, S. 73. **Abb. 4:** Bettina Heintz, Jörg Huber (Hg.): Mit den Augen denken. Strategien der Sichtbarmachung in wissenschaftlichen und virtuellen Welten, Zürich, Wien, New York, 2001, S. 100. **Abb. 5:** Gustav Fritsch: Das Haupthaar und seine Bildungsstätte bei den Rassen

des Menschen, Berlin 1912.
Rezensionen: Abb. S. 113: Linda Dalrymple Henderson: The Fourth Dimension and Non-Euclidean Geometry in Modern Art, Princeton New Jersey 1983. Abb. 57. **Abb. S. 114:** Peter Geimer (Hg.): Ordnungen der Sichtbarkeit. Frankfurt a.Main 2002. S. 334. **Abb. S. 115:** Bettina Heintz/Jörg Huber (Hg.): Mit dem Auge denken. Strategien der Sichtbarmachung in wissenschaftlichen und virtuellen Welten. Institut für Theorie der Gestaltung und Kunst, T:G\01, Edition Voldemeer, Zürich, Wien, New York 2001. S. 114.
Projektvorstellung: Abb. 1-2: http://penelope.unibe.ch/docuserver/compago/index.html.
Bildtableau 1: 1: Etienne Jules Marey: Le mouvement, Paris 1894, S. 37, Fig. 26. **2:** Amerikanische Kunst im 20. Jahrhundert. Chistos M. Joachiminides und Norman Rosenthal, München 1993, Abb. 32. **3:** Diderots Enzyclopädie. 1762-1777: Die Bildtafeln. Augsburg 1995, Bd. 1, S. 602. **4:** A Diderot pictorial encyclopedia of trades and industry. Manufacturing and the technical arts in plates selected from „L'encyclopédie, ou Dictionaire Raisonné des Science, des Arts et des Métiers" of Denis Diderot. Chares Coulston Gillispie (ed). New York 1959, Vol. 1, Plate 68. **5:** wie Abb. 1, S. 99. **6:** Eva Hesse: Sculpture. Catalogue raisonné by Bill Barrette. New York, 1989. S. 96. **7:** wie Abb. 1, S. 136, Fig. 98. **8:** Harry Robin: Die wissenschaftliche Illustration. Berlin, Boston, Basel 1992. S. 143. **9:** Ebd.: S. 142. **10:** Albrecht Dürer. Das Gesamtwerk. Herausgegeben von Mark Lehmstedt. Digitale Bibliothek Band 28, Berlin 2000. **11:** wie Abb. 8, S. 65. **12:** Vom Klang der Bilder. hrsg. von Karin v. Maur, München 1985, S. 331, Abb. 7. **13:** Ich sehe was, was Du nicht siehst. Sehmaschinen und Bilderwelten. Hrsg. von Bodo von Dewitz und Werner Nekes, Köln 2002, S. 188. **14:** Mit freundlicher Genehmigung von VG Bild-Kunst. **15:** wie Abb. 1, S. 138, Fig. 100. **16:** wie Abb. 8, S. 71. **17:** wie Abb. 10, S. 1030. **18:** wie Abb.1, Fig. 13, S. 22. **19:** wie Abb. 8, S. 208. **20:** wie Abb. 1, S. 25, Fig. 14 und 15. **21:** S. Th. Stein: Das Licht im Dienste wissenschaftlicher Forschung. Leipzig 1877, S. 297, Fig. 276. **22:** Peter Frieß: Kunst und Maschine, München 1993, S. 183, Abb. 142. **23:** wie Abb. 1, S. 206, Fig. 152. **24:** Mit freundlicher Genehmung der VG Bildkunst. **25:** wie Abb. 1, S. 149.
Bildtablau 2: 1: Etienne Jules Marey: Le mouvement, Paris 1894, S. 59. **2:** Marsmenschen. Leipzig 1997, S. 88. **3:** wie Abb. 1, S. 166, Fig. 165. **4:** Chistos M. Joachiminides und Norman Rosenthal(Hg.): Amerikanische Kunst im 20. Jahrhundert. München 1993, S. 46, Abb. 3. **5:** Deanna Petherbridge; Ludmilla Jordanova (Ed.):The Quick and the dead. Manchester 1997, S. 70, Abb. 70. **6:** wie Abb. 1, S. 167, Fig. 116. **7:** Ebd.: S. 171, Fig. 123. **8:** Gordon Hendrix: Edward Muybridge. The father of the motion picture. Mineola, New York 2001, S. 151. **9:** wie Abb. 1, S. 61. Fig. 44. **10:** wie Abb. 8, S. 155. **11:** Ebd. S. 203. **12:** Scott McCloud: Comics richtig lesen. Hamburg 1994, S. 121 **13:** wie Abb. 8, S. 155. **14:** wie Abb. 1, S. 175, Fig. 125. **15:** wie Abb. 12, S. 116/117. **16:** Absolut modern sein. Berlin1986, S. 95. **17:** Futurismo & Futurismi. Milano1986, S. 71. **18:** Wera Muchina, Arbeiter und Kolchosbäuerin, Moskau, 1937. **19:** wie Abb. 1, S. 172, Fig. 124. **20:** Absolut modern sein, Berlin 1986, S. 255. **21:** Ralph M. Barnes: Motion and Time Study, New York (u.a.)1958, S. 114/115. **22:** wie Abb. 20. S.304. 23: Futurismo & Futurismi. Milano1986, S. 133.

AutorInnen

Prof. Dr. Günter Abel, Institut für Philosophie, Wissenschaftstheorie, Wissenschafts- und Technikgeschichte der Technischen Universität Berlin
PD Dr. Michael Hagner, Max-Planck-Institut für Wissenschaftsgeschichte
M.A. Anette Hüsch, Graduiertenkolleg "Bild-Körper-Medium. Eine anthropologische Perspektive", Hochschule für Gestaltung, Karlsruhe
Michael Jöcks, Fotograf am Institut Polizeitechnische Untersuchungen, Landeskriminalamt Berlin
Dr. Sandrina Khaled, Zentrum für Literaturforschung, Geisteswissenschaftliche Zentren Berlin e.V.
Prof. Dr. Eberhard Knobloch, Institut für Philosophie, Wissenschaftstheorie, Wissenschafts- und Technikgeschichte, Technische Universität Berlin und Berlin-Brandenburgische Akademie der Wissenschaften
Dr. Werner Kogge, Abt. Bild-Schrift-Zahl, Hermann von Helmholtz-Zentrum für Kulturtechnik, Humboldt Universität zu Berlin
Dr. Hans-Christoph Liess, Wissenschaftlicher Mitarbeiter am Lehrstuhl für Wissenschaftstheorie und -geschichte Universität Bern
Prof. Dr. Herbert Mehrtens, Wissenschafts- und Technikgeschichte, Historisches Seminar der TU Braunschweig, Abt. Alte, Mittlere und Neuere Geschichte
PD Dr. Herbert Molderings, Kunstgeschichtliches Institut, Ruhr-Universität Bochum, Fellow des Wissenschaftskollegs zu Berlin
Dr. Kärin Nickelsen, Wissenschaftliche Mitarbeiterin am Lehrstuhl für Wissenschaftstheorie und -geschichte Universität Bern
Dr. Barbara Orland, Institut für Geschichte, Technikgeschichte, Eidgenössische Technische Hochschule Zürich
Prof. Dr. Lisa A. Parks, Assistant Professor of Film Studies and an Affiliate of Women's Studies, Department of Film Studies, University of California, Santa Barbara
Dr. Philipp Stoellger, Oberassistent, Institut für Hermeneutik und Religionsphilosophie, Theologische Fakultät der Universtität Zürich
Prof. Dr. Martin Warnke, Kunstgeschichtliches Seminar der Universität Hamburg

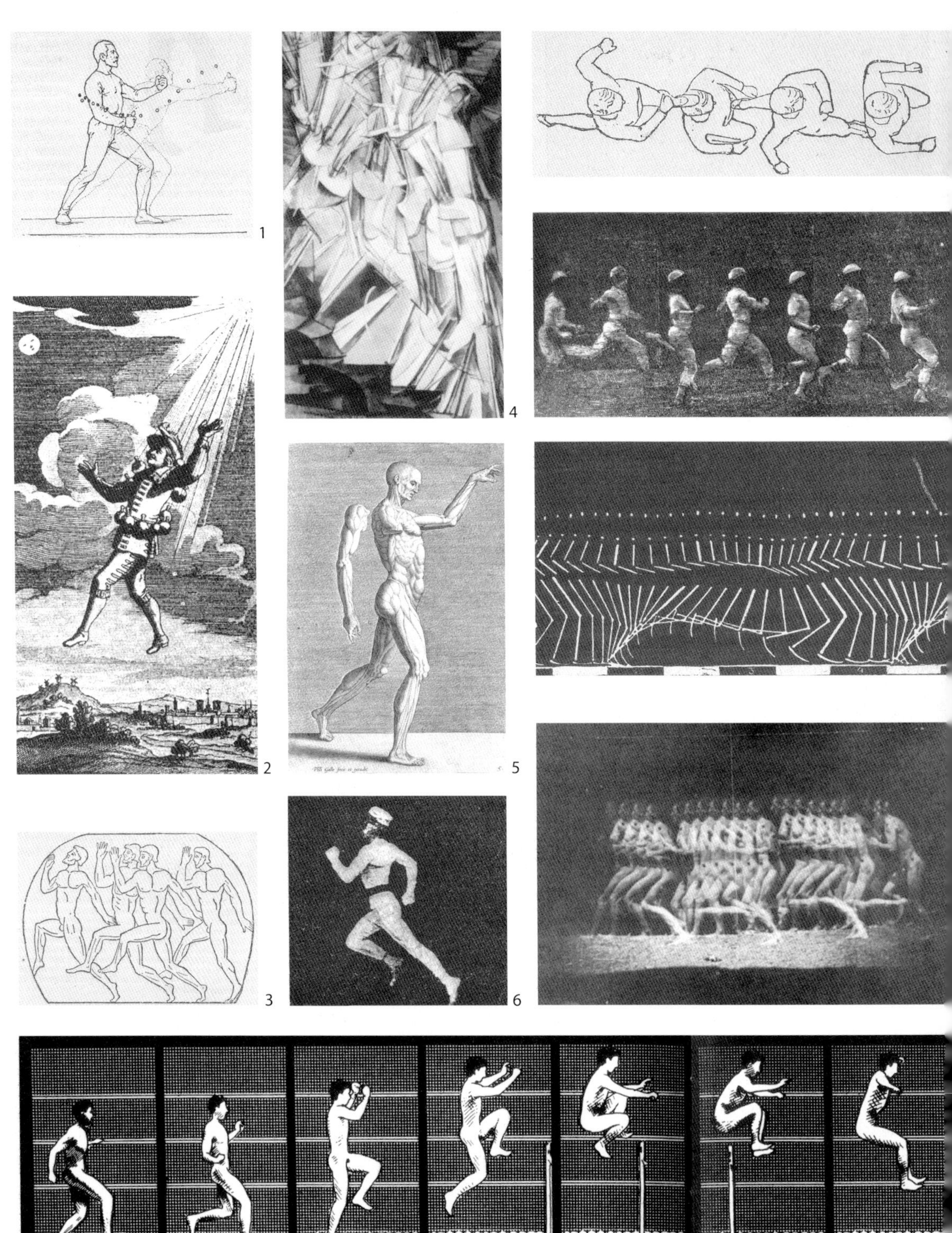

1: Etienne Jules Marey: Boxeur représenté dans les deux attitudes extrêmes, 1894. **2:** Cyrano de Bergerac auf dem Weg zum Mon
3: Etienne Jules Marey: Ocydromes ou coureurs de vitesse: décoration d'un vase panathénaïque, 1894. **4:** Marcel Duchamp: Nude d
dant un Escalier No. 2, 1912. **5:** Philips Galle: Gehender Écorché, 16. Jh. **6:** Etienne Jules Marey: Photogramme instantané d'un cou
Etienne Jules Marey: Coureur chronophotographié d'un lieu élevé, en projection horizontale, 1894. **8:** Etienne Jules Marey: The Succ
Phases in the Motion of a Man Running, The Scientific American, September 9, 1892. **9:** Etienne Jules Marey: Images d' un co
réduite à des lignes brillantes qui représéntent l'attitude de ses membres. (Chronofotographie gèometrique), 1894. **10:** Thomas
Photographs of Jesse Godley, 1884.

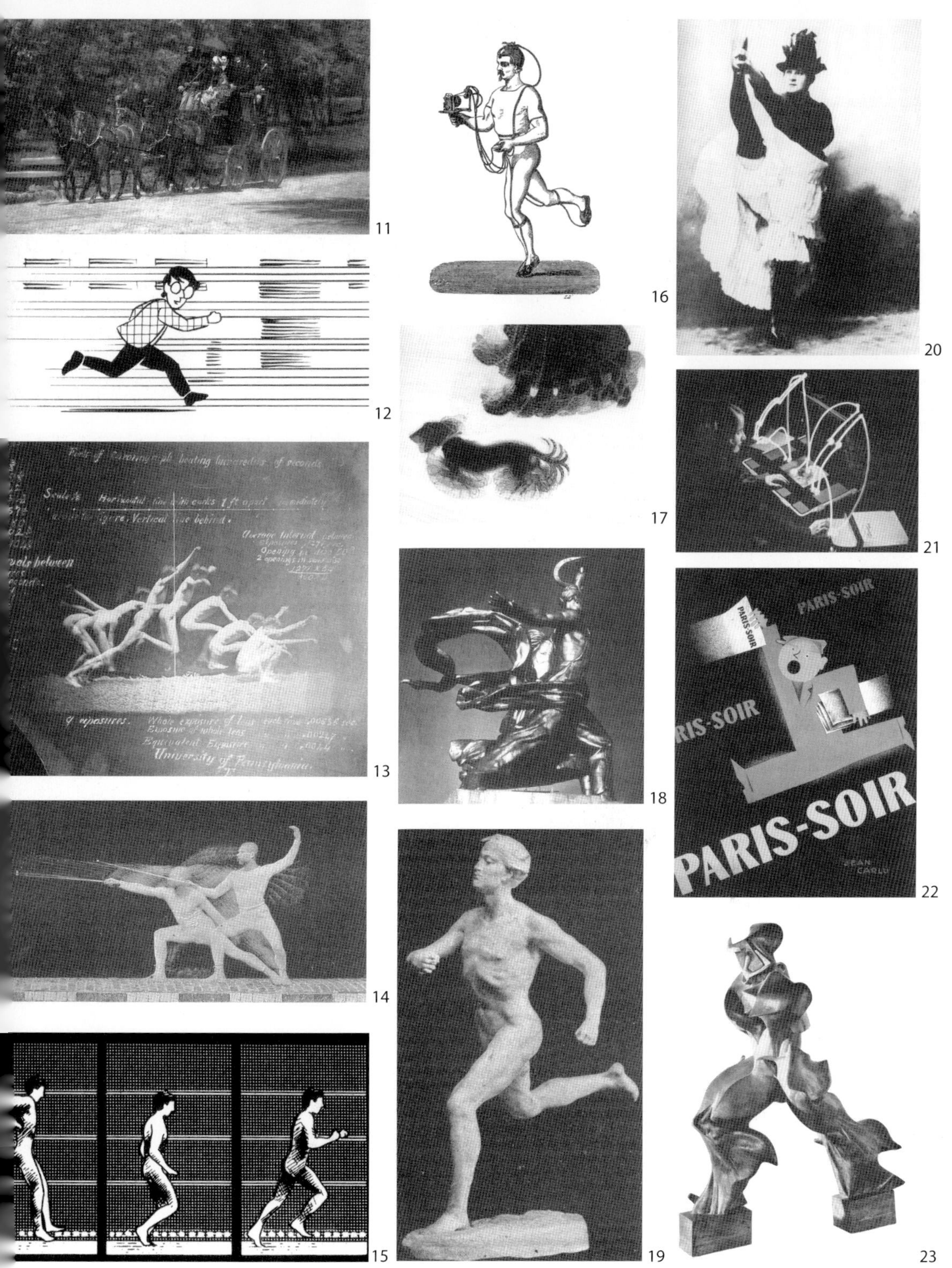

...omas Eakins: A may morning in the park, 1900. **12:** Scott McCloud: Comics richtig lesen, 1994. **13:** Thomas Eakins: History of a jump, ...14: Etienne Jules Marey: Un coup d'épée (Chronophotographie sur plaque fixe), 1894. **15:** Scott McCloud: Comics richtig lesen, ...16: Läufer und Registriergerät nach Marey, 1868. **17:** Giacomo Balla: Dynamismus eines Hundes an der Leine, 1912. **18:** Wera Mu-...Arbeiter und Kolchosbäuerin, Moskau, 1937. **19:** Etienne Jules Marey: Statuette faite d'aprés des épreuves chronophotogra-...es, 1894. **20:** La Goule, 1887. **21:** Ralph M. Barnes: Motion and Time Study, 1958. **22:** Jean Carlu: Paris Soir, Plakat, o.J. **23:** Umberto ...ni: Dynamik des menschlichen Körpers, 1913.

Bildwelten des Wissens

Kunsthistorisches Jahrbuch für Bildkritik. Band 1,1

Bilder in Prozessen

Herausgeber

Prof. Dr. Horst Bredekamp, Dr. Gabriele Werner

Redaktion

Angela Fischel M.A., Birgit Schneider M.A.

Mitarbeiter

Franziska Facile, Peggy Kuwan, Ariane Lange, Philipp Muras, Reinhard Wendler

Layout

Birgit Schneider

Adresse der Redaktion

Humboldt Universität zu Berlin
Hermann von Helmholtz-Zentrum für Kulturtechnik
Das Technische Bild
Unter den Linden 6
D - 10099 Berlin
dtb@culture.hu-berlin.de
Fon: ++49 (0) 30 20932730
Fax: ++49 (0) 30 20931961

ISSN 1611-2512
ISBN 3-05-003781-4

Druck: on the fly, Berlin
Buchbinderei: Lüderitz & Bauer, Berlin

Printed in Federal Republic of Germany